www.ingramcontent.com/pod-product-compliance
Lightning Source LLC
LaVergne TN
LVHW010836051026
849532LV00007B/2724
* 9 7 8 9 3 6 9 0 8 9 7 5 8 *

پھول والوں کی سیر

(مضامین)

شاہد احمد دہلوی

Phool waloN ki Sair *(Essays)*

by: Shahid Ahmad Dehlvi

Edition: February '2025

Publisher :

Taemeer Publications LLC (Michigan, USA / Hyderabad, India)

ISBN 978-93-6908-975-8

کتاب	:	**پھول والوں کی سیر** (مضامین)
مصنف	:	**شاہد احمد دہلوی**
صنف	:	غیر افسانوی نثر
ناشر	:	تعمیر پبلی کیشنز (حیدرآباد، انڈیا)
سالِ اشاعت	:	۲۰۲۵ء
صفحات	:	۹۸
سرورق ڈیزائن	:	تعمیر ویب ڈیزائن

فہرست

اردو زبان کا مسئلہ

برادر مکرم طفیل صاحب۔ سلام مسنون

تازہ "نقوش" میں آپ کا اداریہ "طلوع" پڑھا۔ آپ نے اس میں اردو کے ایک نہایت اہم مسئلے کو چھیڑا ہے۔ یہ مسئلہ جتنا اہم ہے اتنا ہی نازک بھی ہے۔ خصوصاً میرے لئے کہ میرے بیان سے بعض آبگینوں کو ٹھیس لگنے کا اندیشہ ہے۔ سچی بات کڑوی ہوتی ہے مگر آپ مصر ہیں تو عرض کرتا ہوں۔

رکھیو غالب مجھے اس تلخ نوائی سے معاف

آج کچھ درد مرے دل میں سوا ہوتا ہے

"طلوع" کا پہلا فقرہ ہی محلِ نظر ہے۔ آپ نے پہلے ہی سے یہ فرض کر لیا ہے کہ آپ کے علاوہ اور سب تنگ دل ہیں۔ جبھی تو آپ نے لکھا ہے۔ "آپ بھی دل میں کشادگی پیدا کر لیں۔" اگر میں اسے آپ کی تنگ دلی قرار دوں تو کیسا؟

جی ہاں، اردو بڑی اچھی اور بڑی پیاری زبان ہے اور بڑی نرالی زبان ہے۔ کیوں کہ اردو بولنے والے مردوں کی زبان اور ہے اور عورتوں کی زبان اور بھی اپنی جگہ پر ترقی یافتہ ہے اور اتنی وسیع کہ مولانا سید احمد، صاحب فرہنگ آصفیہ، عورتوں کے محاوروں کی ایک جامع لغات "لغات النساء" کے نام سے لکھ گئے ہیں، دنیا کی شاید ہی

کوئی ترقی یافتہ زبان ایسی ہو کہ اس میں مردوں اور عورتوں کی زبانیں الگ الگ ہوں۔ عورتوں کی زبان میں اگر شاعری دیکھنی ہو تو ریختیاں ملاحظہ فرمائیے۔ ان کے مضامین شاید ثقہ طبیعتوں پر ناگوار گزریں تو گزریں، زبان کا چٹخارہ یقیناً مزہ دے جائے گا۔

دنیا کی دوسری بڑی زبانوں کی طرح اردو بھی مقامی بولیوں اور دوسری زبانوں کو اپنے اندر جذب کرتی چلی آ رہی ہے۔ اس کا تو خمیر ہی زبانوں اور بولیوں کے آمیزے سے اٹھا ہے۔ چھوت چھات کی یہ نہ تو پہلے کبھی قائل تھی اور نہ اب ہے۔ زندہ زبانیں چھوت چھات کو نہیں مانتیں اور نہ اچھوت رہنا پسند کرتی ہیں۔ ان کا تال میل سب سے ہوتا ہے۔ اس لحاظ سے اردو ہرجائی بھی ہے، حریص بھی ہے، جس کی جو چیز پسند آتی ہے لے کر اپنے اندر جذب کر لیتی ہے، کبھی پرائی چیز کو جوں کا توں رہنے دیتی ہے اور کبھی اس کی شکل ہی بدل ڈالتی ہے۔ یہ عادت بھی اس نے اپنی ترقی پذیر بہنوں سے سیکھی ہے۔ جبھی تو من موہنی بن گئی اور اس کا جادو سارے ہندوستان پر چل گیا تھا۔

بھلا جس نے عوام میں جنم لیا ہو، سرکاروں، درباروں میں قدم رکھا ہو، بادشاہوں کی منہ چڑھی رہی ہو، اس کی بڑھوتری کیسے رک سکتی تھی؟ ککڑی کی بیل کی طرح بڑھتی ہی چلی گئی اور ہندوستان کی سرحدوں کو پھلانگ کر دوسرے براعظموں پر بھی چولائی کی طرح پھیلنے لگی۔ اب دنیا میں آپ جہاں چاہے چلے جائیں، اردو بولنے والے آپ کو مل ہی جائیں گے۔ اور صاحب، غضب کی ڈھیٹ زبان ہے، بڑی سخت جان، ہمسایہ ملک میں اردو کو نہ صرف اچھوت بنایا جا رہا ہے،

بلکہ اسے قتل کرنے کے سامان کئے جا رہے ہیں، مگر یہ ہے کہ ڈٹی ہوئی ہے اور برابر بڑھتی ہی جا رہی ہے۔ عجب بلا ہے کہ یونانی صنمیات کے ہائیڈرا کی طرح اگر اس کا سر قلم کیا جاتا ہے تو ایک کے بدلے دو سر نکل آتے ہیں۔ اردو کسی کے مارے نہیں مر سکتی۔ یہ تو یونہی نئے نئے میدان مارتی چلی جائے گی۔ کوئی صاحب اگر اس کے باب میں چھوت چھات کے وہم میں مبتلا ہیں تو اس وہم کو دل سے نکال دیں۔

جی ہاں، کسی زمانے میں اردو کے دو مرکز تھے۔ پہلا مرکز دلی اور دوسرا لکھنؤ۔ اگر دونوں مرکزوں میں روزمرہ، تذکیر و تانیث اور بعض لفظوں کے استعمال میں فرق تھا تو کیا غضب آ گیا؟ ہر زبان جغرافیائی اور مقامی لحاظ سے چولے بدل لیتی ہے۔ انگریزی زبان کو دیکھو کہ اسکاٹ لینڈ میں، آئرلینڈ میں، ویلز میں، پھر ان پڑوسی ملکوں سے نکل کر سات سمندر پار کے ملکوں میں کس کس طرح اور کس کس فرق سے بولی جا رہی ہے۔ اور تو اور امریکہ ہی کو لے لیجئے۔ انگریز ہی تو جا کر امریکہ میں بسے تھے۔ اپنی زبان انگریزی ہی تو ساتھ لے گئے تھے۔ ان ہی انگریزوں کی اولاد کو دیکھئے کہ اب کیسی بولی بول رہے ہیں اور لکھ رہے ہیں۔ انہوں نے تو لفظوں کسے حروف تک بدل ڈالے اور لفظ کے حروف تلفظ سے ہم آہنگ کر دئے۔

تبدیلی تو صاحب اس حد تک بھی ہو سکتی ہے۔ دلی اور لکھنؤ کے ذرا ذرا سے فرق پر کیوں گرفت کی جائے؟ یہ بھی زبان کے زندہ ہونے کا ثبوت ہے کہ وہ مقامی اثرات کو قبول کرتی رہتی ہے۔ اگر دلی سے نکل کر لکھنؤ، بہار، پنجاب اور حیدرآباد دکن وغیرہ میں اردو اپنے نئے ماحول کے اثرات قبول نہ کرتی تو البتہ تعجب کی بات ہوتی اور اردو مسدود ہو کر حجریات میں شامل ہو جاتی۔ اردو بولنے والوں کی طرح

اردو بھی کشادہ دل ہے۔ اگر ایسی نہ ہوتی تو حضرت امیر خسرو ہی کے زمانے میں ٹھٹھر کر مر جاتی۔ مرتی وہ زبانیں ہیں جو تنگ دل ہوتی ہیں اور جن کے بولنے والے تنگ دل ہوتے ہیں جیسے سنسکرت موت کے گھاٹ اتر گئی۔

زبان کے مرکز کسی کے قائم کئے سے قائم نہیں ہوتے۔ جس طرح فطری زبانیں خود بخود بنتی چلی جاتی ہیں، زبان کے مرکز بھی خود بخود بن جاتے ہیں۔ جس شہر میں ثقہ اہل زبان زیادہ ہوتے ہیں، مستند شاعر اور ادیب زیادہ ہوتے ہیں وہ شہر مرکز بن جاتا ہے اور زبان کی سند اسی شہر کے بزرگان ادب سے ملنے لگتی ہے۔ دلی میں جب تک مغل بادشاہوں کی خوش اقبالی اور درباروں میں فارغ البالی رہی، اہل ہنر اور اہل کمال بھانت بھانت کے کھینچ کر آتے رہے اور اس شہر کے نام کو چار چاند لگاتے رہے۔ اس شہر کو انہوں نے اپنا وطن بنایا اور اسی شہر میں پیوند خاک ہو گئے۔

چپے چپے پہ ہیں یاں گوہرِ غلطاں، تہہِ خاک
دفن ہو گا نہ کہیں اتنا خزانہ ہرگز

دلی ان اہل کمال کی وجہ سے زبان کی ٹکسال بنی اور اسی ٹکسال سے اردو کا سکہ جاری ہوا۔ جب مغل بادشاہی برائے نام رہ گئی اور شاہی خزانے خالی ہو گئے تو متوسلین شاہی اور اہلِ ہنر اور اہلِ فن نے ترکِ وطن کر کے پورب کا رخ کیا۔ فیض آباد اور فیض آباد کے بعد لکھنؤ کا شاہی دربار ان کا مرجع بنا۔ دلی کی کوکھ اجڑتی رہی اور لکھنؤ کی کوکھ ہری ہوتی رہی۔ مرکز اینٹ پتھر سے نہیں بنتا، اہلِ کمال سے بنتا ہے۔ چنانچہ لکھنؤ دوسرا مرکز بنا۔

ہر کجا چشمۂ بود شیریں

مردم و مور و ملخ گرد آیند

جو سخت جاں تھے وہ دلی ہی میں رہے۔ لال قلعہ میں مغلوں کی شمع جھلملا رہی تھی۔ اس کے گرد پروانے جمع ہوتے رہے۔ انہیں کے دم سے دلی کی مرکزیت قائم رہی۔ لٰہذا دونوں مرکز اپنی اپنی جگہ پر قائم رہے۔ حالات و واقعات اور ان سے بڑھ کر ماحول نے ان دونوں مرکزوں میں چھوٹے چھوٹے سے اختلافات پیدا کر دیے جو آگے چل کر بڑے بڑے معرکوں کی شکل اختیار کر گئے۔ جب دو برتن ہوتے ہیں تو کھڑک ہی جاتے ہیں۔ دونوں اپنی اپنی بات پر اڑے رہے،

وہ اپنی خو نہ چھوڑیں گے ہم اپنی وضع کیوں بدلیں۔

یہ اختلافات بھی زبان کی ترقی کا ذریعہ بن گئے کہ اردو کے دو بڑے دبستان قائم ہو گئے۔ دبستانِ دہلی اور دبستانِ لکھنؤ۔ دوسرے شہر والوں نے جسے پسند کیا اس کی تقلید و پیروی کرنے لگے۔ اردو کے لئے دونوں آنکھیں برابر تھیں۔ ان میں سلوک بھی رہا اور چشمکیں بھی ہوتی رہیں۔ تو یہ کوئی نئی بات نہیں ہے۔ دنیا کی ریت ہی یہ ہے۔ ہم اختلاف اس لئے کرتے ہیں کہ ہم میں اتفاق ہو۔

آپ نے بڑے مزے کی بات کہی ہے کہ "جو چیز لکھنؤ سے مؤنث چلتی تھی، وہ دلی پہنچ کر مذکر بن جاتی تھی۔" یہ فقرہ نا تمام ہے۔ اسے یوں ہونا چاہیے، "جو چیز لکھنؤ سے مؤنث چلتی تھی وہ دلی پہنچ کر مذکر بن جاتی تھی اور لاہور پہنچ کے مخنث۔" یعنی مذکر بھی اور مؤنث بھی۔ یہ خرابی ہے دو کشتیوں میں ایک ساتھ پاؤں رکھنے کی۔

اب یہ کہ "لکھنؤ نہ وہ لکھنؤ ہے۔ نہ دلی وہ دلی ہے۔ اردو کے طالب علم کدھر جائیں؟ کسے اپنا امام تسلیم کریں؟ کس سے سند پائیں؟" اس مسئلہ کو واقعی حل کرنے

کی ضرورت ہے۔ آپ یہ نہ بھولیے کہ ۱۸۵۷ء کی جنگِ آزادی کے بعد دلی اور لکھنؤ سے زیادہ لاہور اردو علم و ادب اور زبان کا مرکز بن گیا تھا۔

۱۸۵۶ء میں شاہان اودھ کی بساط الٹی اور اس کے ایک سال بعد لال حویلی اجڑی۔ اہلِ کمال آشفتہ حال ہوئے اور جس کے جہاں سینگ سمائے نکل گیا۔ مولانا محمد حسین آزاد اور مولانا حالیؔ نے لاہور کو اپنے لئے پسند کیا۔ کسی نے رام پور اور کسی نے حیدر آباد دکن کی راہ لی۔ آگے چل کر دکن بھی اردو کا ایک مرکز بن گیا۔ بہار والوں کو بھی بہار کے مرکز ہونے پر اصرار رہا۔ مگر یہ سارے مرکز اب ختم ہو چکے ہیں (سوائے لاہور کے) لہٰذا آپ یہ سوال کرنے میں حق بجانب ہیں کہ، "اردو کے طالب علم اب کدھر جائیں؟ کسے اپنا امام تسلیم کریں، سند کس سے پائیں؟"

سند اس سے لی جاتی ہے جو سند دینے کے اہل ہوتے ہیں۔ شہروں سے سند نہیں لی جاتی۔ مستند اہلِ زبان جہاں بھی ہوں ان سے سند لیجئے۔ مستند مصنفوں کی مستند تصنیفوں سے سند لیجئے۔ اگر سائلؔ و بیخودؔ سے سند لی جاتی تھی تو جوشؔ ملسیانی سے بھی سند لی جاتی تھی اور لی جاتی ہے۔ اگر امیرؔ و داغؔ، آزادؔ و سرشارؔ مر چکے ہیں تو ان کے دیوان اور ان کی کتابیں تو نہیں مریں؟ وہ اپنی گزار گئے مگر ہمارے لئے ہدایت کے چراغ تو چھوڑ گئے۔

"چھوڑیے صاحب!" کی بھی ایک ہی رہی۔ یہ آپ کے چھڑائے کب چھوٹتے ہیں؟ انہوں نے تو آبِ حیات پیا ہے اور اردو کو آب حیات پلایا ہے۔ ہاں اردو کو چھوڑ دیجئے تو ان سے آپ کا پیچھا چھوٹ جائے گا۔ آپ ماضی سے اپنا رشتہ منقطع کرنے کے بعد کہاں رہ جائیں گے؟ آج کا ماحول اتنا تو نہیں بدلا کہ امیرؔ و داغؔ اس میں

ناکارہ ثابت ہوں۔ ابھی تو ہم مرزا مظہر جانِ جاناں اور سوداؔ اور میرؔ کو بھی نہیں چھوڑ سکے۔ یہ خیال بھی آپ کا صحیح نہیں ہے کہ، "اردو کو دھکے مار کر اپنے گھر سے نکال دیا گیا ہے۔"

جن ۱۴ زبانوں کی سرپرستی بھارت کی حکومت کر رہی ہے ان میں سے ایک اردو بھی ہے۔ ہرچند کہ بھارت کی قومی زبان ہندی قرار دی گئی ہے۔ پھر بھی بھارت کے ایک سرے سے دوسرے سرے تک اردو ہی راج رج رہی ہے، بلکہ یوں کہنا زیادہ مناسب ہوگا کہ ہندی کی چھاتی پر مونگ دل رہی ہے۔ بارہ سال کے بعد میں ایک خیر سگالی کے وفد میں دلی گیا تھا۔ مجھے تو ۲۴ لاکھ کی آبادی میں ایک بھی ہندی بولنے والا نہیں ملا۔ ہاں لکھنے والے بہت سے ملے۔ مگر وہ بھی بولتے اردو ہی ہیں۔ پھر پانچ کروڑ مسلمان جو وہاں ہیں وہ کون سی زبان بولتے ہیں؟ ہندو تو ہندی بولتا ہی نہیں، مسلمان کیا کھا کر ہندی بولے گا؟ بھارت میں کاغذ پر قومی زبان ہندی ہے مگر آج بھی بھارت کی عام زبان اردو ہی ہے۔

اردو کے دشمن تک اردو بولنے پر مجبور ہیں اور اگر ہٹ دھرمی سے ریڈیو وغیرہ پر ہندی بولتے ہیں تو کسی کے پلے نہیں پڑتا کہ کیا فرمایا گیا۔ لاچار ہو کر آل انڈیا ریڈیو کو روزانہ ایک اردو بلیٹن بھی نشر کرنا پڑا اور کسی کا تو ذکر ہی کیا، پنڈت جواہر لال نہرو کی تقریر جب چاہے سن لیجئے۔ ایک آدھ لفظ مصلحتاً ہندی کا بیچ میں ڈال دیتے ہیں، ورنہ ساری تقریر اردو ہی میں ہوتی ہے۔ بقول آپ کے "دھکے مار کے" تو ہمیں نکالا گیا ہے۔ تو ہوا یہ کہ ہمارا سب کچھ وہاں رہ گیا مگر ہماری زبان ہمارے ساتھ یہاں آ گئی۔ "پاکستان اردو کے لئے پناہ گاہ بن گیا۔" اور مغربی پاکستان

کی قومی زبان اردو بن گئی۔ یہاں بھی اردو خوش نصیب رہی۔ اردو کا مسکن تو سرحد کے دونوں طرف دلوں میں ہے۔ مغربی پاکستان اردو کا من ہے۔

"آئندہ چل کر اردو کا ڈھانچہ کیا ہو گا؟" اس کا جواب تو مستقبل ہی دے گا۔ اردو کی تاریخ میں اس کی تدریجی ترقی دیکھئے اور دیکھئے کہ حضرت امیر خسرو کے وقت میں اردو کیا تھی؟ اور رفتہ رفتہ وہ اردو کیسے بنی، جس کے وارث ہم ہیں۔ اس کے بعد آپ اندازہ لگا سکیں گے کہ مستقبل میں اردو کیسی ہو گی۔ اردو تو ہمیشہ اپنے ماحول سے متاثر ہو کر بدلتی چلی آ رہی ہے۔ مقامی زبانوں کے الفاظ اس میں ہمیشہ نفوذ کرتے رہے ہیں۔ دکھنی اردو کی بین مثال ہمارے سامنے ہے۔ پشتو، پنجابی، سندھی اور بلوچی کے الفاظ اور محاورے بھی "حسب ضرورت" اس میں جگہ پاتے جائیں گے۔ یہ چھوٹی زبانیں تو اردو کے لئے خون صالح مہیا کریں گی، خدانخواستہ ان زبانوں سے اردو کو کسی قسم کا بیر نہیں ہے۔ اردو تو دامن پھیلا کر ان سے امداد لے گی۔ چھوٹے دریا ہمیشہ بڑے دریا میں شامل ہو کر اسے زندہ رکھتے ہیں۔ اسی طرح اُردوئے معلیٰ ہے، آج کل کی اردو کو ضرورت ہو گی تو اس سے بھی مدد لے گی۔

اعلیٰ درجے کی اردو کو چھوڑ کر ہم ادنیٰ درجے کی اردو کو رواج نہیں دے سکتے۔ مگر اس کے ساتھ ہی آپ کا یہ کہنا کہ، "آج اگر کوئی یہ اعتراض کرے کہ "میں نے جانا ہے، غلط ہے تو وہ کوئی دانش مندی کا ثبوت نہیں دے گا۔" دل کو نہیں لگا۔ ایک طرف تو آپ اردوئے معلیٰ کو رواج دینا ایک غیر دانشمندانہ فعل قرار دیتے ہیں اور دوسری طرف آپ غلط اردو کو رواج دینے پر مصر ہیں، کیوں کہ آپ سمجھتے ہیں کہ

"آج اردو کو اہل پنجاب کے مزاج کا ساتھ دینا ہو گا۔" یہ "نے" کا اشقلہ کوئی تیس سال پہلے محمد دین تاثیر مرحوم نے چھوڑا تھا۔ مرحوم کے دماغ میں نت نئی شرارتیں جنم لیتی تھیں۔ چنانچہ انہوں نے اپنی ایک غزل میں یہ مصرعہ رکھ دیا تھا،

تو نے الفت مجھ سے کرنی ہے تو کر میرے لئے۔

اس وقت اس پر خاصی لے دے ہوئی تھی اور تاثیر کا مقصد بھی یہی تھا کہ کچھ ہنگامہ ہو۔ انہوں نے لکھا تھا کہ مجھے اس میں زیادہ ترنم معلوم ہوتا ہے۔ مگر یہ ترنم صرف تاثیر ہی کو سنائی دیا اور بس ایک ہی دفعہ سنائی دیا۔ اس کے بعد انہوں نے بھی اپنی نظم یا نثر میں اس ترنم کا استعمال نہیں کیا۔ اس وقت لاہور ہی میں ڈاکٹر اقبال، شیخ عبد القادر، ظفر علی خاں، سالکؔ، مہرؔ، امتیاز علی تاجؔ، پطرسؔ، حامد علی خاں، صلاح الدین احمد، میراجیؔ، حفیظؔ، حسرت جیسے جلیل القدر بزرگانِ ادب موجود تھے۔ کسی نے تاثیر کی تائید نہیں کی۔ کسی نے اس مترنم "نے" کو اختیار کر کے اپنی تخلیقات کو وقیعتر نہیں بنایا اور اس تیس سال کے عرصے میں پنجاب کے ہزاروں اچھے شاعروں اور ادیبوں میں سے کسی نے اس ترنم زدہ بدعت کو اختیار نہیں کیا۔ ڈاکٹر تاثیر نہایت ذہین اور قابل آدمی تھے۔ مگر انہوں نے بھی پطرسؔ کی طرح ادب کا کوئی علمی کام نہیں کیا۔

ایک دفعہ تاثیرؔ نے ایک مشہور ماہنامہ میں کسی شاعر کا تذکرہ لکھا اور اس کا نمونۂ کلام بھی پیش کیا۔ ہمارے محققین میں بڑی واہ واہ ہوئی۔ بعد میں تاثیر نے بتایا کہ سرے سے اس شاعر کا وجود ہی نہیں تھا۔ سب من گھڑت تھی۔ نمونۂ کلام بھی خود ہی گڑھ دیا تھا۔ مرحوم کو ایسی انوکھی شرارتیں سوجھا کرتی تھیں۔ اب تیس

سال بعد آپ کو اس پر اصرار ہوا ہے کہ "میں نے جانا ہے" کو صحیح مانو ورنہ پنجاب کا مزاج برہم ہو جائے گا۔ جی، تو میں اسے غلط ہی کہوں گا۔ لاہور ہی میں اب بھی کئی مستند بزرگ خدا کے فضل سے موجود ہیں۔ چلئے مولانا مہر اور مولانا صلاح الدین احمد (اور حضرات بھی ہوں گے جو اس وقت یاد نہیں آرہے) سے اس "نے" کے بارے میں ان کی رائے اور لے لیجئے۔

بولنے کی زبان اور ہوتی ہے اور لکھنے کی اور۔ بولنے میں مقامی الفاظ اور محاورے اور لہجہ سب چلتا ہے۔ مگر لکھنے میں اہلِ زبان ہی کی تقلید کی جاتی ہے۔ دکن کے کسی ادیب یا شاعر کو ہو (ہاں) نکو (نہیں) پن (لیکن) پانی نہانا۔ میرے کو (مجھے) اور سینکڑوں مقامی الفاظ اور محاوروں کو اپنی تخلیقات میں داخل کرتے آپ نے کبھی دیکھا؟ اگر من مانی کرنے کی ادب و شعر میں کھلی چھٹی مل جاتی تو اردو مینارِ بابل بن جاتی۔

آپ شوق سے "میں نے جانا ہے" اور "تو نے آنا ہے" اپنے مضامین میں لکھنا شروع کیجئے۔ آج کی اور مستقبل کی اردو نے اگر قبول کر لیا تو چشمِ ماروشن، دل ماشاد۔ زندہ زبانوں میں الفاظ آتے رہتے ہیں اور جاتے رہتے ہیں۔ اگر کسی لفظ کی ضرورت زبان کو ہوتی ہے تو وہ اسے قبول کر لیتی ہے، ورنہ کھوٹے سکے کی طرح نکال کر باہر کرتی ہے۔

زبانیں بڑی سست رفتاری کے ساتھ چولے بدلتی ہیں۔ میر امنؔ کی "چہار درویش" آج بھی ہماری رہ نمائی کر رہی ہے۔ اللہ بخشے بابائے اردو مولوی عبدالحق فرمایا کرتے تھے کہ جس طرح ایمان تازہ کرنے کے لئے قرآن شریف پڑھا جاتا

ہے، میں اپنی زبان تازہ کرنے کے لئے "چہار درویش" پڑھا کرتا ہوں۔

جب تک ایسی کلاسیکس زندہ ہیں ہم ان سے روگردانی نہیں کر سکتے۔ مگر اس کا مطلب یہ نہیں کہ ہماری زبان نئے الفاظ حسب ضرورت اپنے اندر شامل نہ کرتی رہے۔ جب آپ فرمائیں گے۔ "بادشاہو! ناراض ہونے کی ضرورت نہیں۔" تو آپ کا مخاطب بھلامانس کہے گا، "چنگا جی۔" اس پر اہلِ سرحد، اہل سندھ اور اہل بلوچستان کی آئندہ بننے والی اردو کا قیاس کر لیجئے۔ آپ تو دلی اور لکھنؤ کے تھوڑے سے اختلافات ہی پر معترض ہیں۔ مغربی پاکستان کے ان چار "اہلوں" کی مختلف مستقبل کی اردوؤں کے متعلق کیا ارشاد ہے؟

دیکھئے! مستقبل کی اردو آپ کے یا میرے کہنے سے نہیں بنے گی۔ زبان کی نمو فطری ہوتی ہے کیوں کہ زندگی سے اس کا چولی دامن کا ساتھ ہے۔ آپ کا خیال ہے کہ "اس خودرو پودے کی نشوونما میں غیر فطری باڑیں نہ لگائی جائیں۔" مگر زبانوں کو اگر مادر پدر آزادی دے دی جائے، اس کی رکھوالی کرنے والا کوئی نہ کوئی روکنے ٹوکنے والا نہ ہو، کلاسیکس اور اردوئے معلیٰ سے تعلق منقطع کیا جائے تو اس زبان کا حشر کیا ہو گا؟ جھاڑ جھنکاڑ کا ایک جنگل نہ بن جائے گا؟ آزادی کی بھی ایک حد ہوتی ہے۔ ہر زمانے میں کچھ ایسے لوگ ہوتے ہیں جو زبان کی تراش خراش کر کے اسے خوب صورت بناتے رہتے ہیں۔ یہ تراش خراش ایک غیر فطری حرکت ہوتی ہے مگر آرٹ کا کام ہی یہ ہے کہ آزاد فطرت میں جو کچھ حسین ہے، اسے تراش خراش کر غیر فطری طور پر مفید اور حسین تر بنائے۔

باڑیں خوش نمائی کے لئے ہی لگائی جاتی ہیں اور انہیں مالی تراش خراش کر خوش

نما بناتے ہیں۔ یہ مالی یا رکھوالے ہمارے وہ ادیب و شاعر ہیں جنہیں بصارت کے ساتھ بصیرت بھی ملی ہے، جن کی نظر زبان کی ان باریکیوں تک پہنچ جاتی ہے جن تک سب کی نظریں نہیں پہنچ سکتیں۔ جیسے نظام عالم کو قائم رکھنے کے لئے غوث، ابدال، قطب، مجذوب وغیرہ صاحب خدمت ہوتے ہیں، زبان کے بھی صاحب خدمت ہوتے ہیں۔ یہ اپنی خاموش خدمت میں لگے رہتے ہیں۔ ہمیں اتنا زیادہ زبان کے باب میں پریشان ہونے کی ضرورت نہیں۔ فطری عمل بھی جاری رہے گا اور اس کی آراستگی بھی ہوتی رہے گی۔

زمانے کے ساتھ ساتھ زبانیں بدل جاتی ہیں۔ یہ بھی ایک فطری عمل ہے۔ دکھنی اردو آج ہمیں غیر مانوس نظر آتی ہے تو یہ بھی ایک فطری بات ہے۔ شیکسپیئر کی انگریزی بھی اب بولی اور لکھی نہیں جاتی۔ نصف صدی یا ایک صدی تو نہیں البتہ تین چار صدی بعد اگر ہم کسی طرح اس دنیا میں آسکے تو اردو کی شکل بھی شاید ہم سے پہچانی نہ جاسکے گی۔ شاید اس وقت اس کا نام بھی کچھ اور ہو، کیوں کہ اردو اپنی صورت کے ساتھ نام پلٹتی چلی آرہی ہے۔ پاکستان بن جانے کے بعد اردو کے نادان دوستوں نے اس کا نام پلٹ کر "پاکستانی" رکھنے کی تحریک پیش کی تھی۔ ممکن ہے کہ چند صدیوں بعد اس کا نام بھی بدل جائے تو پھر اس میں ایسا کون سا اندیشہ ہے جس کے لئے ہم دبلے ہونے لگیں؟ ہمارا کام یہ ہے کہ ہمیں جو امانت ملی ہے، اسے بنا سنوار کر آنے والی نسل کو سونپ جائیں۔ آگے وہ جانیں اور ان کا کام۔

اردو صرف لال قلعہ کی زبان نہیں ہے۔ اردو لال قلعہ سے دو سو سال پہلے بھی موجود تھی۔ یوں کہیے کہ لال قلعہ میں پہنچ کر اردو، اردوئے معلیٰ بنی۔ ورنہ اردو

خاص و عام سب کی زبان تھی۔ ہر طبقے کی زبان تھی اور طبقے ہی کے اعتبار سے اس کی طبقاتی شکلیں مروج تھیں۔ لال قلعہ کی زبان گلی کوچوں کی زبان بن ہی نہیں سکتی تھی، جیسے ونڈسر پیلس کی انگریزی نچلے طبقوں کی زبان نہیں بن سکتی۔ پڑھے لکھے شرفاء اور ثقہ حضرات کی زبان گلی کوچوں اور بازار کی زبان سے مختلف ہوتی ہے۔ آپ کا خیال یہ ہے کہ "اردو لال قلعہ کی زبان ہے، اسے آج مغربی پاکستان کے گلی کوچوں کی زبان بنا ہو گا، ورنہ۔ ورنہ اس ڈولی کا بوجھ ہمارے کندھے سہار نہ سکیں گے۔"

یہ اچھی ضد ہے کہ یا تو آگ میں موتو ورنہ مسلمان ہو۔ جی صاحب! یہ فطری عمل کے خلاف ہے۔ ایسا تو دلی میں بھی نہیں ہوا۔ جہاں لال قلعہ موجود ہے کہ دلی کے گلی کوچوں میں لال قلعہ کی زبان بولی گئی ہو۔ مغربی پاکستان کے گلی کوچوں میں جو زبانیں بولی جارہی ہیں، انہیں اگر آپ سنیں تو آپ کے رونگٹے کھڑے ہو جائیں۔ یہ آموختہ زبانیں ہیں۔ گجراتی اردو، مکرانی اردو، بلوچی اردو، سندھی اردو، سرائیکی اردو، پنجابی اردو، پوٹوہاری اردو، پشتو اردو اور سب سے زیادہ انگریزی اردو۔

مغربی پاکستان میں تو ابھی زبانوں کی باؤلی ہنڈیا پک رہی ہے۔ جب یہ پک چکے گی تو ہماری مستقبل کی اردو اس میں سے بر آمد ہو گی اور اس کے بولنے اور لکھنے والے ہماری تحریروں کو اسی نظر سے دیکھیں گے جس نظر سے آج ہم "سب رس" کی اردو کو دیکھ رہے ہیں۔ ہم اور آپ اس وقت اس ڈولی کا بوجھ سہارنے کے لئے موجود نہیں ہوں گے۔ اس وقت کوئی اور کہار ہوں گے۔

آپ نے اچھا کیا کہ اس مسئلہ کو چھیڑ دیا۔ آپ کی بعض باتوں سے اختلاف کیا

جاسکتا ہے اور صحیح فیصلہ کے لئے اختلاف ضروری ہوتا ہے۔ حکومت کے اداروں میں بھی حزب مخالف ہوتا ہے لہٰذا آپ اختلاف سے دلگیر نہ ہوں۔ آپ نے ایک بات خلوص و محبت سے کہی ہے۔ سوتیلی ماں کی زبان سے نہیں سگی ماں کی زبان سے۔ مگر سگی ماں بھی تو بے راہ روی سے بالاتر نہیں ہوتی۔ بعض دفعہ جذبات کی رو میں بہہ جاتی ہے۔ ہر شخص کو اپنی زبان پیاری ہوتی ہے۔ ادیبوں اور شاعروں کو اور بھی زیادہ۔ کیوں کہ زبان کا بنانا سنوارنا اور اسے ترقی دینا انہیں کا کام ہوتا ہے۔ اسے سیکھنے اور سلیقے سے برتنے کے لئے انہیں سیکڑوں معیاری کتابوں کا مطالعہ کرنا ہوتا ہے۔ پھر انہیں مشق و مزاولت کے ہفت خواں طے کرنے پڑتے ہیں۔ اس پر بھی برسوں کے بعد ان کی نثر یا نظم میں چٹخارہ پیدا ہوتا ہے۔

امیرؔ اک مصرعۂ تر تب کہیں صورت دکھاتا ہے
بدن میں خشک جب ہوتا ہے شاعر کے لہو برسوں

زبان کا معاملہ آزادی کا نہیں پابندی کا ہے۔ ادیبوں کا ایک ایک لفظ زبان و بیان کی کسوٹی پر پرکھا جاتا ہے کیوں کہ ادیب سے توقع کی جاتی ہے کہ وہ نفیس اور قابل تقلید نثر لکھے گا۔ ہر ادیب کی امکانی کوشش یہی ہونی چاہیے۔ تو اس کا دعویٰ کوئی نہیں کر سکتا کہ وہ بے عیب نثر لکھتا ہے، یا اس سے کوئی غلطی ہو ہی نہیں سکتی۔ ہمارے سامنے رہ نمائی اور تقلید کے لئے اسلاف کے اعلیٰ نمونے ہیں۔ دلی اور لکھنؤ کے نمونے بڑی حد تک مثالی سمجھے جاتے ہیں۔ کنگز انگلش کے بعد آکسفورڈ اور کیمبرج کی انگریزی مثالی تصور کی جاتی ہے۔ اب دلی اور لکھنؤ مرکز نہیں رہے تو لاہور اور کراچی مرکز بن گئے ہیں اور لاہور تو ایک صدی سے اردو کا مرکز بنا ہوا

ہے۔ کراچی قیام پاکستان کے بعد بن رہا ہے، کیونکہ دلی اور لکھنؤ کی بیشتر آبادی کراچی میں منتقل ہو گئی ہے اور اب اس ۲۲ لاکھ آبادی کے شہر میں اردو کے مقتدر ادارے بھی قائم ہو چکے ہیں اور لاہور کی طرح کراچی میں بھی اردو کا کچھ کام نہیں ہو رہا ہے۔

مشرقی پاکستان کی داستان اندوہناک ہے۔ وہ بھی کسی وقت لکھی جائے گی۔ پنجاب کے احسانات سے جو انکار کرے وہ کافر، زندہ باد زندہ دلان پنجاب۔ جب تک اردو کے مخلص خادم موجود رہیں گے، "اردو کی مانگ کا سیندور نہیں لٹ سکتا۔"

٭٭٭

میرا جی

اللہ تعالیٰ اس کی روح کو نہ شرمائے، بے حد گندہ آدمی تھا میرا جی۔ بہت بُو اس کے جسم سے اڑتی رہتی تھی۔ شاید یہ ان لوگوں میں سے تھا جنہیں یا تو دائی نہلاتی ہے یا چار بھائی۔ مگر اس غلیظ پیکر میں کس قدر لطیف روح تھی! روح اسے اڑا کر اعلیٰ علیین میں پہنچانا چاہتی تھی مگر جسم اسے اسفل السافلین کی طرف کھینچے لیے جاتا تھا۔ میرا جی کی ترکیب اسی اجتماع ضدین سے ہوئی تھی۔

جب میں نے انہیں کوئی تیس سال اُدھر "ادبی دنیا" لاہور کے دفتر میں پہلی دفعہ دیکھا تو معاً مجھے خیال ہوا کہ یہ شخص پاگل ہے، گرمی ایسی پڑ رہی تھی کہ چیل انڈا چھوڑے اور میرا جی تھے کہ اوور کوٹ پہنے آرام سے اپنی کرسی پر "اردو میں" بیٹھے ہوئے تھے، جیسے فرش پر ڈیڑھ زانو بیٹھے ہیں۔ سر پر پپٹو کی کھرل نما ٹوپی دھری تھی۔ اس کے نیچے بے ترتیب گھنے کالے بال تھے جو بڑھ کر کاکلیں بن گئے تھے۔ سر کو جنبش دیتے تو شانوں پر کالے ناگ لہرانے لگتے۔ رنگ گیہواں تھا۔ کھلی پیشانی، روشن آنکھیں جن میں ربودگی کھلتی رہتی تھی، کتاراسی ناک، ترشی ہوئی مونچھیں، پتلے پتلے ہونٹ، داڑھی گھٹی ہوئی مگر کئی دن کی باسی۔ ایک ایک دو دو لفظ بولتے تھے، وہ بھی کھرج میں۔

"مولانا صلاح الدین احمد ہیں؟"

"نہیں ہیں۔"

"کہاں گئے ہیں؟"

"باہر۔"

"کب تک آئیں گے؟"

"معلوم نہیں۔"

"میراجی ہیں؟"

"جی فرمایئے۔"

"آپ ہی ہیں؟"

"جی ہاں۔"

اس کے بعد انہوں نے سوال کیا، "آپ شاہد احمد دہلوی ہیں؟"

"جی ہاں۔"

"تشریف رکھیے۔"

"آپ نے کیسے پہچانا؟"

"تصویر دیکھی تھی۔"

معلوم ہوتا تھا کہ بات کرنی نہیں چاہتے۔ الفاظ اگل رہے ہیں۔

اس عجیب وغریب شخص کو دیکھنے کے بعد اس کے حالات معلوم کرنے کا شوق ہوا۔ بعض گندی چیزوں میں بھی کشش ہوتی ہے۔ میراجی میں بھی وہی کشش تھی جو بعض مزبلوں میں ہوتی ہے۔

میراجی کے والد برج انسپکٹر تھے۔ غریبا مؤ گزر کرتے تھے۔ نہایت پابند شرع اور پانچوں وقت کے نمازی تھے۔ ملازمت سے سبک دوش ہونے کے بعد اپنی زندگی انجمن حمایت الاسلام کی خدمت کرنے میں گزار دی۔ ان کے تین لڑکے تھے۔

ثناء اللہ۔۔۔ ثانی

انعام اللہ۔۔۔ نامی

اور اکرام اللہ۔۔۔ کامی

ماں باپ نے اپنی حیثیت کے مطابق انہیں پالا پوسا، مگر ان میں سے ایک نے بھی اسکول کی چند جماعتوں سے آگے پڑھ کر نہیں دیا۔ تینوں لڑکوں میں بڑے ثناء اللہ ثانی تھے جو آگے چل کر "میراجی" کے نام سے مشہور ہوئے، اولیا کے گھر کیا بھوت پیدا نہیں ہوتے؟

مُزنگ کی طرف میراجی کا تھا۔ اسکول سے طبیعت اچاٹ ہو جانے کے بعد انہوں نے چاہا تو یہ تھا کہ کہیں سے مفت کی بہت سی دولت ہاتھ لگ جائے مگر کوڑی بھی نہیں ملی۔ پیسے والوں کو دیکھ کر کلستے تھے۔ ان کا تو کچھ بگاڑ نہ سکے ہاں اپنی سیرت بگڑتی چلی گئی۔ عنفوان شباب میں ایک بہت بُری عادت نے جڑ پکڑ لی جس نے ان کی ساری زندگی کو نفسیاتی الجھنوں کا ڈھیر بنا دیا۔ ان کا جسم انہیں نیچے کی طرف کھینچ رہا تھا اور روح اوپر کی طرف۔ لہٰذا وہ اپنے جسم کو اپنی بری عادت سے تسکین پہنچاتے رہے اور روح کے تقاضے کو پورا کرنے کے لیے کتابیں پڑھنے لگے۔ مگر کتابیں جو انہوں نے اپنے مطالعہ کے لیے انتخاب کیں ان میں ہندو ضمیات کو فوقیت دی۔ اس کے بعد فرائڈ اور ہیوی لاک ایلس کی CASE HISTORIES کو مزے

لے لے کر پڑھا۔

ان سے فارغ ہونے کے بعد دنیا کے بڑے شاعروں کا کلام دیکھا، ان کی سوانح عمریاں پڑھیں۔ ایڈ گر ایلن پو اور بودلیئر ان پر چھا گئے اور میرا جی نے اپنی زندگی کو ان کے قالبوں میں ڈھالنے کی کوشش کی مگر ادھ کچرے رہے اور نہ ادھر کے رہے نہ اُدھر کے۔ کوا چلا ہنس کی چال اپنی بھی بھولا۔ ہاں یہ ضرور ہوا کہ یہ سب کے سب میرا جی کی شاعری پر چھا گئے۔ چنانچہ اس کی ابتدائی شاعری کو منظوم CASE HISTORIES ہی کہا جا سکتا ہے۔ جنسی بے راہ روی کی مثالوں نے میرا جی کی شخصیت میں راہ پائی اور وہ خود ایک نفسیاتی نمونہ، ایک CASE بن گئے۔

اسی زمانے میں انہیں شراب کی لت لگی۔ وہ بہت کچھ کرنا چاہتے تھے مگر کچھ بھی نہ کر سکتے تھے۔ گھٹتے رہے اور غم بھلانے کے لیے شراب پیتے رہے۔ اچھی شراب بھی کہاں نصیب ہوتی تھی؟ ٹھرا یا بیئر۔ اس سے دماغ بھڑک اٹھتا تو عجیب و غریب حرکتیں کرتے۔ انہی کے پڑوس میں ایک پڑھے لکھے ثقہ شاعر بھی رہتے تھے مگر یہ صاحب اس قدر بے نیاز قسم کے آدمی تھے کہ محلے کے کسی شخص سے واقف نہیں تھے۔ صبح اپنی نوکری پر چلے جاتے اور رات کو کسی وقت آ کر پڑ رہتے، جورو نہ جاتا اللہ میاں سے ناتہ۔ چھڑا ادم، تندور بازی اللہ راضی۔ کتابیں پڑھنے کا شوق تھا۔ گھر آ کر کسی کتاب میں غرق ہو جاتے۔ پڑھتے پڑھتے سو جاتے اور صبح اٹھ کر پھر گھر سے نکل جاتے۔ چھ سال انہیں میرا جی کے پڑوس میں رہتے ہو گئے اور بیسیوں دفعہ میرا جی کو دیکھا بھی مگر یہ نہ جانا کہ یہی وہ میرا جی ہیں جو رسالوں میں چھپا کرتے ہیں اور اس پرچہ کے نائب مدیر بھی ہیں جس میں خود میرا کلام شائع ہوتا

ہے۔

اور ایک دن یہ ہوا کہ رات ڈھلے میراجی جھومتے جھامتے آئے اور ان کے گھر کے سامنے والے مکان کا دروازہ انہوں نے پیٹ ڈالا اور نہایت بے تکلفی سے اس ثقہ کنوارے کے گھر میں در آئے اور اندر سے کنڈی لگالی۔

بچارے نے گھبرا کر پوچھا، "آپ؟"

جواب ملا، "جی میرا نام میراجی ہے۔"

"فرمایئے، اس وقت کیسے آنا ہوا؟"

"میں آج بیئر کی اٹھارہ بوتلیں پی کر آیا ہوں۔"

یہ کہہ کر فرش پر اٹھارہ کی اٹھارہ بوتلیں اگل دیں۔

"آپ ہی نے سامنے والے گھر کا دروازہ پیٹا تھا؟"

"ہاں۔"

"کیوں؟"

"اس میں ایک بڑی 'چیز' عورت رہتی ہے۔"

اتنے میں سارے محلے کو اس عورت نے چیخ چیخ کر سر پر اٹھالیا۔ محلے والے گھبرا کر گلی میں نکل آئے۔ "کون تھا، کون تھا؟" کون بتاتا کہ کون تھا۔

رسیدہ بود بلائے ولے بخیر گزشت۔

اس عجوبہ پہلی ملاقات کے بعد ثقہ کنوارے اور میراجی میں دوستی کا رشتہ قائم ہو گیا۔ اس مضمون کے بیشتر واقعات کے راوی میراجی کے یہی دوست ہیں۔

میراجی کے جسم میں عقل اور دل کی لڑائی ہوتی رہتی تھی۔ میراجی کے من

میں یہ سمائی تھی کہ عقل سے کام لینے میں ہمیشہ نقصان ہوتا ہے، لٰہذا وہ شراب پی پی کر عقل کو کند کیا کرتے تھے۔ میراجی دل کو وہی درجہ دیتے تھے جو علامہ اقبال عشق کو دیتے تھے،

بے خطر کود پڑا آتشِ نمرود میں عشق
عقل ہے محوِ تماشائے لبِ بام ابھی

مگر ان کی بری عادت نے ان کا دل بھی واہی کر دیا تھا اور میراجی کچھ عجیب ہی سی چیز بن کے رہ گئے تھے۔ مزاج میں شاہی اور روح میں درویشی تھی۔ نام نہاد اونچے درجے کے لوگوں کی سرپرستی قبول نہیں کر سکتے تھے۔ ان بڑوں کو وہ بہت چھوٹا سمجھتے تھے اور چھوٹوں کے لیے ان کی جان بھی حاضر تھی۔ احمد شاہ بخاری پطرسؔ نے انہیں آل انڈیا ریڈیو میں تھپکنا چاہا تھا تو میراجی MY FOOT کہہ کر وہاں سے چلے آئے تھے۔ میراجی نے اپنے اوپر تنگی ترشی کر کے پانچ سو روپے جمع کیے تھے، جمع اس لیے کیے تھے کہ اپنی ماں کو بھیجیں۔ مگر ایک تانگے والے کو دے دیے کیونکہ اسے اپنی شادی کے لیے روپے کی ضرورت تھی۔

میراجی روپے پیسے کے معاملے میں بہت غیر محتاط تھے۔ روپے کو انہوں نے کبھی کوئی اہمیت نہیں دی۔ جب ان کے پاس روپیہ ہوتا تو دونوں ہاتھوں سے لٹا دیتے اور کوڑی کفن کو نہ لگا رکھتے۔ ایک دفعہ ان کے ایک دم ساز نے انہیں بہت رات گئے ایک اندھیرے بازار میں بے ہوش پڑے دیکھا۔ تانگے والے کی مدد سے انہیں اٹھا کر تانگے میں ڈالا اور ان کے گھر انہیں پہنچایا۔ میراجی کی جیب میں چار سو روپے تھے۔ انہوں نے نکال کر اپنے پاس رکھ لیے۔ میراجی کو ہوش میں آنے کے

بعد بھی روپے کا خیال نہیں آیا۔ بہت دنوں کے بعد ان صاحب نے ان کے روپے انہیں واپس دیے تو انہیں یاد بھی نہیں تھا کہ کبھی ان کی جیب میں چار سو روپے بھی تھے۔

میراجی کو طرح طرح کے غم رہتے تھے۔ جب وہ "ادبی دنیا" میں نائب مدیر تھے تو انہیں تنخواہ تیس روپے ملتی تھی۔ اسی میں وہ شراب بھی پیتے اور اپنے چھوٹے موٹے خرچ بھی پورے کرتے، ماں باپ اور بھائیوں کے ساتھ رہتے تھے۔ اس تنگ دستی سے افسردہ رہتے تھے۔ آدمی حساس تھے۔ بھائیوں کی تعلیم کے لیے بے قرار رہتے تھے مگر ان کے لیے کوئی وسیلہ نہ نکال سکتے تھے۔ اپنی ماں پر انہیں بڑا ترس آتا تھا۔ ان کی ماں ان کے باپ کی دوسری بیوی تھیں۔ عمروں میں تفاوت کچھ زیادہ ہی تھا۔ میراجی سمجھتے تھے کہ ماں کی جوانی بوڑھے باپ کے ساتھ اکارت گئی۔ باپ کو وہ ظالم اور ماں کو مظلوم سمجھتے تھے۔ مگر باپ کے ساتھ کوئی گستاخی انہوں نے کبھی نہیں کی۔ بلکہ باپ سے انہیں محبت ہی تھی، جبھی تو انہیں جب پونہ میں اپنے اندھے باپ کے مرنے کی اطلاع ملی تو انہوں نے مسجد میں جاکر ممبر کے پاس پیشاب کیا اور کہا، "تونے میرے باپ کو مار دیا، اس لیے میں تیرے گھر میں پیشاب کرتا ہوں۔"

شراب لاہور ہی میں بہت بڑھ گئی تھی۔ بعض دفعہ بوتل ہی سے منہ لگا کر پی جاتے تھے۔ اس اُم الخبائث نے ان کے اخلاق کو بڑی حد تک تباہ کر دیا تھا۔ مدہوش ہونے کے بعد وہ لاہور کے گلی کوچوں میں بھیک مانگتے اور کھٹے سنترے کھاتے۔ دلّی میں راتوں کو اکثر وہ بیہوش پڑے پائے گئے۔ اور کبھی کبھی یہ بھی ہوتا کہ پینے کے

بعد انہیں رونا لگ جاتا اور دھاڑیں مار کر رونے لگتے۔ راہ گیروں کے ٹھٹھ لگ جاتے تو ان کے ساتھ کوئی بات بنا کر رفع شر کرتے۔ ایک دفعہ ایک کو کہنا پڑا کہ بچارے کی ماں مر گئی ہے۔ ایک دفعہ نئی چاوڑی میں انہوں نے رونا شروع کیا اور نظموں کے مجموعے کا پورا مسودہ اچھال دیا۔ ساری سڑک پر اس کے ورق پھیل گئے، ان کے دوست انہیں چنتے پھرے۔ کچھ ہوا میں اڑ گئے مگر شاباش ہے ان کے دوستوں کو، ان کی ہر کڑوی کسیلی جھیل جاتے، بلکہ ان سے خوب اچھی طرح پٹ بھی لیتے۔ کیونکہ میراجی مدہوشی کے عالم میں "آملیٹ" بنایا کرتے تھے۔ پیٹنے کو وہ "آملیٹ بنانا" کہا کرتے تھے۔

ایک رات کو آملیٹ بنانے کے سلسلے میں خود ان کا آملیٹ بن گیا۔ ہوا یہ کہ ایک ہم پیالہ سے انہوں نے وقتاً فوقتاً قرض لے کر بہت بڑھالیا۔ جب اس نے تقاضہ کیا تو انہوں نے اس کا آملیٹ بنانا چاہا۔ وہ ہوش میں تھا، یہ مدہوش تھے۔ یہ واقعہ آل انڈیا ریڈیو کے ایک اسٹوڈیو کا ہے۔ رات کو میراجی پی پلا کر اسٹوڈیو ہی میں سو گئے تھے۔ ان کے قرض خواہ نے انہیں بے قابو دیکھ کر ان کی خوب کندی کی۔ بدبخت نے منہ ہی منہ پر مارا تھا۔ سارا منہ نیلا کانچ ہو گیا تھا اور جابجا کھرونچیں لگی ہوئی تھیں۔ میں نے جب انہیں صبح دیکھا تو پوچھا، "یہ کیا ہوا؟" انہوں نے بتایا کہ "مجھے کسی نے مارا ہے۔"

کیوں مارا، کس نے مارا؟ یہ نہیں معلوم۔ ان کے نہ پینے والے دوستوں نے بتایا کہ میراجی نے خود اپنے آپ کو مارا ہے۔ یہ بھی ایک نفسیاتی بیماری ہوتی ہے۔ مگر اصل واقعہ یہی تھا کہ ان کے قرض خواہ دوست نے انہیں اس بے دردی سے

مارا تھا۔ مگر میرا جی اس کا نام اس لیے نہیں بتاتے تھے کہ ساری بات کھل جاتی اور یہ بھی بتانا پڑتا کہ اسٹوڈیو میں سو رہے تھے کہ یہ سانحہ پیش آیا۔ اسٹوڈیو میں سونا جرم تھا اور اس کی پاداش میں نوکری جاتی رہتی۔

میرا جی کا پورا نام محمد ثناء اللہ ڈار تھا۔ مگر ایک بنگالی لڑکی کے عشق میں مبتلا ہو کر انہوں نے میرا سین کے نام پر اپنا نام میرا جی رکھ لیا تھا۔ میرا جی کے ایک ہم جماعت کا مکان کنارڈ کالج، لاہور سے ملا ہوا تھا۔ صرف ایک دیوار بیچ میں تھی۔ میرا جی اور ان کے چند اور ہم جماعت اس گھر میں جمع ہوتے۔ پیتے پلاتے اور دیوار میں ایک سوراخ کر کے اس میں سے کالج کی لڑکیوں کو تکا کرتے۔ انہی لڑکیوں میں میرا سین بھی تھی جس پر میرا جی لوٹ ہو گئے۔ اکثر یہ بھی کرتے کہ جب وہ لڑکی کالج سے اپنے گھر جاتی تو میرا جی کچھ فاصلے سے اس کے پیچھے لگے رہتے، یہاں تک کہ اسے گھر پہنچا دیتے۔ جب تک وہ لڑکی لاہور میں رہی، ان کا یہی معمول رہا۔ صرف ایک دفعہ بڑی ہمت کر کے انہوں نے اس سے کہا، "مجھے آپ سے کچھ کہنا ہے۔" اس نے پلٹ کر ان کی طرف دیکھا مگر منہ سے کچھ نہ کہا۔ نہ خوش ہوئی نہ ناراض۔ خاموش اپنے گھر چلی گئی۔ بس یہ تھا میرا جی کا پہلا اور آخری عشق۔

میرا جی کے پاس میرا سین کی ایک تصویر خدا جانے کہاں سے آ گئی تھی۔ اسے وہ اپنی جان سے بھی زیادہ عزیز رکھتے تھے۔ جب انہیں میرا سین کی یاد بہت ستاتی تو اس تصویر کو سامنے رکھ کر دیکھتے رہتے، پھر فرش پر زور زور سے اپنا سر پٹختے۔ یہاں تک کہ بے حال ہو جاتے۔

اس افلاطونی عشق کے بعد میرا جی نے اپنی ساری عمر میں پہلا اور آخری جنسی

معاملہ کیا۔ لاہور کی ہیرا منڈی میں کسی کے یہاں پہنچ گئے۔ اس نے انہیں اپنی یاد دلانے کے لیے آتشک کا تحفہ دیا۔ یہ تحفہ میرا جی کے پاس آخری دم تک رہا۔ میرا جی ہومیو پیتھی بھی جانتے تھے۔ اپنا علاج خود کرتے رہتے تھے اور دوائیں کھاتے رہتے تھے۔ اس واقعہ کی یادگار ان کی ایک نظم "۱۴/ مئی ۱۹۳۳ء کی رات" ہے جو کچھ اس طرح شروع ہوتی ہے،

جو دھن تھا پاس وہ دور ہوا
مٹی میں ملا، کچھ بھی نہ رہا

اور یہ واقعہ بھی ہے کہ اس سانحہ کے بعد میرا جی جنسی لحاظ سے کھکھ ہو گئے تھے اور ان کی لاشعوری الجھنیں اور بھی زیادہ ہو گئی تھیں۔

دوسری جنگ عظیم کے دوران میں جب جاپان کی جیت ہونے لگی تو آل انڈیا ریڈیو کے اسٹاف میں معتد بہ اضافہ کیا گیا۔ پطرس ڈائرکٹر جنرل تھے۔ انہوں نے لاہور سے تقریباً سارے ہی ادیب دلّی ریڈیو میں بلا لیے تھے۔ چراغ حسن حسرتؔ، سعادت حسن منٹوؔ، اوپندر ناتھ اشک، راجندر سنگھ بیدی اور افضل اقبال، ن۔م۔راشد، محمود نظامی اور انصار ناصری پہلے ہی سے سروس میں موجود تھے۔ بعد میں اختر حسین رائے پوری بھی شامل ہو گئے تھے۔ سالکؔ صاحب نہیں آئے تھے، وہ لاہور ہی سے خبروں پر پانچ منٹ کا تبصرہ نشر کرنے لگے تھے، تاثیرؔ اور فیضؔ کسی فوجی محکمے میں ملازم ہو کر دلّی آ گئے تھے، یوں لاہور کی ساری رونق دلّی میں سمٹ آئی تھی۔

محمود نظامی نے کچھ دنوں بعد ڈیڑھ سو روپے ماہوار پر میرا جی کو بلوا لیا تھا۔ مگر

میراجی اب دیکھنے میں وہ میراجی نہیں تھے، وہ کاکلیں جنہیں میراسین کے بالوں کی یاد میں انہوں نے پرورش کیا تھا، اب کٹ چکی تھیں۔ ان کاکلوں کے پیچھے انہوں نے دوستوں کی پھبتیوں کو ہنس ہنس کر گوارہ کیا تھا۔ محلے کے بچے بہنیں دیکھ کر "بڈھی میم، بڈھی میم" کی رٹ لگایا کرتے تھے اور میراجی مسکرا مسکرا کر اپنی مٹھی میں کاکلوں کو لے کر بچوں کو دکھایا کرتے تھے۔ اب ایسی غائب ہوئی تھیں جیسے گدھے کے سر سے سینگ۔ ان کی جگہ انگریزی بالوں نے لے لی تھی۔ لنڈا بازار کے اوورکوٹ کے بدلے اب وہ اچھا خاصہ سوٹ پہنے ہوئے تھے۔ مونچھیں بھی کسی قدر کم ہوگئی تھیں اور میراجی خاصے مردِ معقول دکھائی دینے لگے تھے۔

دلّی میں کئی سال تک میراجی سے میرا ربط رہا۔ انہیں بہت قریب سے دیکھا مگر میں ان سے دور ہی رہا۔ ان کے معمولات کی پذیرائی میرے لیے ناممکن تھی۔ انہیں اپنے ہم مشرب احباب کا حلقہ دلّی میں مل گیا تھا جو روزانہ بعد مغرب سستی شراب پیتے اور اکثر نئی چاوڑی کے چکر کاٹا کرتے۔ دن کے وقت میراجی بھلے آدمی بنے رہتے تھے۔ معقول گفتگو کرتے تھے مگر مختصر۔ کبھی کسی کی برائی ان سے نہیں سنی۔ تعریف بھی نہیں سنی۔ جتنی پیچیدہ نظم لکھتے تھے اتنی ہی صاف نثر لکھتے تھے۔ "ادبی دنیا" میں انہوں نے دنیا کے بعض بڑے شاعروں پر اچھے تنقیدی مضامین لکھے تھے۔ دلّی آجانے کے کچھ عرصے بعد ساقی میں مستقلاً علمی اور ادبی باتیں لکھنے لگے تھے۔ آخر آخر میں منجملہ اپنی شاعری کے مجموعوں کے انہی مضامین کا ایک منتخب مجموعہ "بازگشت" کے نام سے مرتب کرکے دیا تھا، جو ساقی بک ڈپو کے دوسرے مسودات کے ساتھ دلّی بُرد ہو گیا۔

میراجی بھی خواجہ حسن نظامی کی طرح اس بات کے قائل تھے کہ جب تک کوئی مخصوص وضع اختیار نہ کی جائے، یا کوئی نرالی دھج نہ بنائی جائے، لوگ کسی کی طرف توجہ نہیں کرتے، بلکہ آنکھ اٹھا کر بھی نہیں دیکھتے۔ لاہور کا لبادہ اور کاکلوں کا وبال اب اتر چکا تھا اور میراجی عام آدمیوں کا سا لباس پہننے لگے تھے، لہٰذا لوگوں نے انہیں دیکھنا چھوڑ دیا تھا۔ لاہور میں جب محلے کے بچے انہیں دیکھ کر "بڈھی میم بڈھی میم" کے نعرے نہ لگاتے تو میراجی رک کر اپنے بال مٹھی میں پکڑ کر دور سے بچوں کو دکھاتے اور اشارے سے انہیں بلاتے اور بچے جمع ہو کر "بڈھی میم، بڈھی میم" کے نعرے لگانے لگتے۔ یہ میراجی کی کمزوری تھی کہ وہ چاہتے تھے کہ لوگ انہیں دیکھیں۔ دلّی آئے تو ع:

وہ شاخ ہی نہ رہی جس پہ آشیانہ تھا

یہ کس مپرسی انہیں بھلا کیسے گوارا ہوتی؟ لہٰذا انہوں نے نیبو کے برابر ایک لوہے کا گولہ ہاتھ میں رکھنا شروع کر دیا۔ لوگ ادبدا کر پوچھتے کہ یہ کیا ہے تو میراجی مسکرا کر رہ جاتے۔ جو نمود کی ہڑک اور بڑھی تو ایک کے بدلے دو گولے ہاتھ میں رکھنے لگے۔ پھر ان گولوں پر سگریٹ کی پنی بھی چڑھانے لگے تھے۔ اس کے علاوہ ان کی جیب میں ایک سادھوؤں کی مالا اور ایک سنکھ بھی پڑا رہتا تھا۔ کبھی کبھی ان کی نمائش بھی کیا کرتے تھے۔ منٹو میراجی کی ان چیزوں کو "فراڈ" کہا کرتا تھا۔

نمود حاصل کرنے کے لیے میراجی یہ بھی کرتے تھے کہ کرسی پر جوتوں سمیت اکڑوں بیٹھ جاتے تھے۔ دعوتوں میں سالن میں زردہ یا کھیر ملا لیا کرتے۔ یہ تماشا تو چند بار میرے گھر پر ہوا اور احباب نے اس کی خوب ہنسی اڑائی مگر میراجی

ناراض ہونے کے بدلے خوش ہوتے تھے اور مسکراتے تھے۔ اور ایک دفعہ میراجی محمود نظامی کے ساتھ فلم کمپنیوں کے سلسلے میں بمبئی گئے تو اس زمانے کی مشہور فلم اسٹار دیوکارانی نے ان دونوں کو کھانے پر بلایا۔ میراجی نے وہاں بھی حسب عادت یہی STUNT دکھایا۔ جوتوں سمیت کرسی پر اکڑوں بیٹھے اور سلونا اور میٹھا ملا کر کھانے لگے۔ دیوکارانی بگڑ کر اٹھ کھڑی ہوئی اور منہ پھلا کر کمرے سے باہر چلی گئی۔ محمود نظامی نے میراجی سے کہا، "آپ نے یہاں بھی وہی حرکت کی؟" میراجی نے کہا، "جی ہاں۔ میں اپنا کشمیری ہونا نہیں بھول سکتا۔" دیوکارانی پھر واپس نہیں آئی۔ ع

بہت بے آبرو ہو کر ترے کوچے سے ہم نکلے

۴۴ء کے بعد میراجی کی وضع قطع اور معمولات میں تو کوئی تبدیلی نہیں آئی لیکن ان کی شاعری میں سے جنسی گندگی کا عنصر نکل گیا تھا اور اس کی جگہ ایک طرح کی روحانی پاکیزگی آچلی تھی۔ ان کے کلام کی گنجلک اشاریت بھی ختم ہوگئی تھی اور شعر بہت صاف کہنے لگے تھے، انہوں نے "میراجی کی نظمیں" کے بعد اپنی نئی نظموں کا ایک ضخیم مجموعہ مرتب کر کے مجھے دیا تھا۔ اس کی کتابت بھی ہوچکی تھی کہ دلّی میں ہنگامہ ہوگیا اور مجموعہ نہ چھپ سکا۔ اس زمانے کی شاعری کا انداز کچھ ایسا تھا،

گرتے پربت کو کوئی روکے تو شاید روکے
گرتے دریا کو کوئی روکے تو شاید روکے
گرتے آنسو کو کوئی روک نہیں سکتا ہے

آل انڈیا ریڈیو چھوڑنے کے بعد میراجی بمبئی چلے گئے تھے۔ وہاں ان کا ارادہ

فلم کمپنیوں میں کام کرنے کا تھا۔ ان سے پہلے منٹو، اشک، کرشن چندر، اختر الایمان، مہندر ناتھ، شہزاد لکھنوی، راجہ مہدی علی خاں، اور ریڈیو کے کئی کام کرنے والے بھی بمبئی جا چکے تھے۔ بمبئی جانے کے بعد میراجی کی شراب اور بڑھ گئی تھی اور وہ اکثر بیکار اور بیمار رہنے لگے۔ اس بُرے وقت میں مہندر ناتھ اور اختر الایمان نے ان کا بہت ساتھ دیا۔ میراجی شراب کے لیے ایک ایک سے قرض مانگتے پھرتے تھے، مگر قرض لینے میں بھی اپنی یہ ادا بنا رکھی تھی کہ دس روپے سے زیادہ کسی سے طلب نہیں کرتے تھے۔ اگر کہیں سے روپے کما لیتے تو قرض ادا کر دیتے ورنہ صاف کہہ دیتے کہ میرے پاس دینے کو نہیں ہے۔ پیسہ ان کے پاس نہیں رہتا تھا۔

ان کے ایک قدردان دوست جو انہی کے ساتھ دلّی میں رہتے تھے، مگر ان کے معمولات میں شریک نہیں ہوتے تھے، اپنی پوری تنخواہ لا کر ان کے ہاتھ میں دے دیا کرتے تھے۔ میراجی نے ان سے کہہ دیا تھا کہ میں تمہاری شادی کے لیے روپیہ تمہاری تنخواہ میں سے جمع کرتا رہوں گا۔ میراجی کی رگ رگ سے واقف ہونے کے باوجود ان صاحب نے میراجی پر بھروسہ کیا۔ اتنا نہ سمجھے کہ عاشق کے دل میں صبر اور چھلنی میں پانی بھلا کب ٹھہرتا ہے۔ نتیجہ یہ کہ جب ان کی شادی کا وقت آیا تو میراجی نے ٹکا سا جواب دے دیا کہ میرے پاس نہیں ہے، شادی ملتوی نہیں ہو سکتی تھی، لہٰذا اس غریب نے قرض وام کر کے شادی کی اور کفا جفا کر کے قرض اتارتا رہا۔ مگر دوست ہو تو ایسا ہو کہ اتنا بڑا زخم کھایا اور آنکھ پر میل تک نہ آیا۔

مرنے سے چھ مہینے پہلے میراجی کو اندازہ ہو گیا تھا کہ موت قریب آ چکی ہے۔ ہوا یہ کہ ایک معقول جگہ نہایت قیمتی قالین پر ان کا پیشاب نکل گیا۔ اس کی اس

قدر شرمندگی ہوئی کہ اسی وقت شراب ترک کرنے کا عہد کرلیا۔ لوہے کے گولے کھڑکی میں سے باہر پھینک دیے اور سمجھنے لگے میں پاگل ہو رہا ہوں اور یہ پاگل پن ہی تھا کہ انہوں نے یک لخت شراب چھوڑ دی۔ اس سے ان کی حالت اور زیادہ خراب ہو گئی۔ ڈاکٹروں نے کہا، "تم شراب کم کرتے چلے جاؤ، ایک دم مت چھوڑ دو۔" مگر میراجی نے ان کا مشورہ نہیں مانا۔ شراب کو سچ مچ اپنے اوپر حرام کرلیا۔ قلب کی حرکت میں فرق آگیا۔ جگر اور معدے نے جواب دے دیا۔ پانی تک نہ پہنچتا تھا۔ اخترالایمان نے انہیں سرکاری ہسپتال میں داخل کرادیا۔ مگر میراجی کا مرض لاعلاج ہو چکا تھا۔ سانس پورے کرتے رہے اور ہسپتال ہی میں دم دے دیا۔

پچھلے دنوں میں پنڈی گیا تھا تو میراجی کے عزیز دوست یوسف ظفر صاحب نے ایک عجیب واقعہ سنایا۔ وہ اس سال حج کو گئے تھے۔ فرماتے تھے کہ میں مدینہ منورہ میں حضور کی جالیوں سے کچھ فاصلے پر بیٹھا مراقبہ میں غرق تھا اور جو جو مجھے یاد آتا رہا، میں اس کے لیے دعا کرتا رہا، یہاں تک کہ کوئی نام باقی نہ رہا۔ مجھ پر عجیب سرور کا عالم طاری تھا۔ قلب گزار ہو گیا تھا اور آنکھوں سے آنسوؤں کی لڑیاں بندھی ہوئی تھیں کہ یکایک میراجی میرے سامنے آکھڑے ہوئے اور بولے، "مجھے بھول گئے، میرے لیے تم نے دعا نہیں کی!" میں نے اسی وقت میراجی کے لیے بھی دعا کی۔

وہ سامنے کھڑے رہے۔ دعا ختم کرکے جو دیکھتا ہوں، نہ میراجی ہیں نہ کوئی اور۔ بس میں تھا اور میرے سامنے حضور کی جالیاں تھیں۔ میں بہت حیران ہوا کہ یہ کیا ماجرا ہے؟ اس قدر گندہ اور ناپاک شخص بھلا ایسی پاکیزہ اور مقدس جگہ کیسے آگیا؟ دنوں میں اس واقعہ پر غور کرتا رہا۔ پھر ایک دم سے ایک دن میراجی سے اپنی پہلی

ملاقات یاد آگئی۔ یہ اس رات کا واقعہ ہے جب وہ بیئر کی اٹھارہ بوتلیں پی کر میرے گھر میں آدھی رات کو درّانہ چلے آئے تھے اور اٹھارہ کی اٹھارہ بیئر کی بوتلیں انہوں نے میرے کمرے کے فرش پر اگل دی تھیں۔ میں نے ان سے ان کا نام پوچھا تھا تو انہوں نے اپنا نام میراجی بتایا تھا۔ اور جب میں نے ان سے ان کا اصلی نام دریافت کیا تو انہوں نے اپنی تیوری پر بل ڈال کر کہا تھا، "میرا اصلی نام محمد ثناء اللہ ڈار ہے۔" اس نام میں "محمد" کا لفظ آتا ہے۔ کسی کو حق نہیں ہے کہ اپنے گندے منہ سے اس پاک لفظ کو ادا کرے۔ کڑی سے کڑی مل گئی تھی اور میری چٹیک دور ہوگئی تھی، مجھے یقین ہے کہ محمد ﷺ کے اس والہانہ احترام کے صلہ میں میراجی کی بخشش ہوگئی ہوگی اور حضور کی اس بے اندازہ محبت کے طفیل میراجی کے سارے گناہ معاف ہوگئے ہوں گے۔" اتنا کہہ کر میراجی کے یہ پرانے دوست آبدیدہ ہوگئے، اور میں نے کہا،

خاکسارانِ جہاں را بہ حقارت منگر
تو چہ دانی کہ دریں گرد سوارے باشد

***

ہمارے ساز

موسیقی کے تین عناصر ہیں۔ گانا، بجانا اور ناچنا۔ یہ سب ذرائع ہیں اظہارِ جذبات کے۔ فنکار کسی جذبے کی تصویر بناتا ہے یا خود تصویر بن جاتا ہے اور سننے والے یا دیکھنے والے کے دل میں بھی وہی جذبہ پیدا کر دیتا ہے۔ کمالِ فن یہی ہے کہ فنکار دوسروں کو بھی اسی طرح متاثر کرے جس طرح خود متاثر ہوتا ہے۔ موسیقی میں اگر تاثر نہ ہو تو وہ موسیقی نہیں ہوتی، شور و شغب بن جاتی ہے۔ گلوئی موسیقی کی ہم آہنگی یا نقالی کے لئے سازی موسیقی وضع ہوئی۔ سازوں کی ایجاد کے بارے میں وثوق سے نہیں کہا جا سکتا کہ کون سا ساز کب وضع ہوا، تاہم اتنا یقین کے ساتھ کہا جا سکتا ہے کہ گانے اور ناچنے کی طرح ساز بنانے کا تصور بھی فطرت ہی نے انسان کو دیا۔ آبشاروں کا ترنم، دریاؤں کی روانی، ہوا کے جھونکے، سمندر کی لہریں، ان سب کی سریلی آوازیں سازوں کے قالب میں ڈھل گئیں۔

یونانِ قدیم کی ایک روایتی کہانی ہمیں بتاتی ہے کہ ایک حکیم اپنے دورانِ سفر میں دھوپ اور گرمی سے تھک کر ستانے کے لئے تھوڑی دیر کو ایک گھنے درخت کے سائے میں لیٹ گیا۔ ہوا کے ہر جھونکے کے ساتھ اس درخت میں سے سریلی آوازیں آنے لگیں۔ حکیم نے بہت دیکھا بھالا مگر اسے کچھ پتہ نہ چل سکا کہ یہ

آوازیں کہاں سے آ رہی ہیں۔ جب یہ آوازیں برابر آتی رہیں تو حکیم سے ضبط نہ ہو سکا اور اس کا سبب معلوم کرنے کی غرض سے درخت پر چڑھ گیا۔ درخت کی پھننگ پر حکیم نے دیکھا کہ ایک مرے ہوئے بندر کی آنتیں دو ڈالیوں میں الجھ کر تن گئی ہیں۔ ان سے جب ہوا کے جھونکے ٹکراتے ہیں تو ان میں کپکپی پیدا ہوتی ہے اور اس ارتعاش سے نغمے پیدا ہوتے ہیں۔

کہا جاتا ہے کہ اس حکیم نے اسی اصول پر وایولن ہارپ بنایا۔ اس بربط میں رودے یعنی تانت کے تار لگائے اور اسے مکان کے اوپر ہوا کے رخ پر جڑ دیا۔ ہوا کے نرم اور تیز جھونکوں سے طرح طرح کے نغمے اس بربط سے پیدا ہونے لگے۔ زمانے کی ترقی کے ساتھ ساتھ تانت اور تار کے مختلف ساز وجود میں آتے گئے۔ اسی طرح روایت ہے کہ پہاڑ کی جھریوں اور سوراخوں میں سے ہوا کے گزرنے سے سیٹیوں کی آوازیں سن کر پھونک سے ساز بجانے کا تصور متقدمین کو ملا، یا نرسلوں میں سے ہوا کے سنسنانے سے بانسری بجانے کا تخیل پید ہوا۔ بہرحال اس سے انکار نہیں کیا جاسکتا کہ سازوں کی ایجاد کے باب میں بھی فطرت ہی انسان کی معلم اول ہے۔

ساز تین قسم کے ہوتے ہیں۔

(۱) گز سے بجنے والے، جیسے چکرہ، دلبر، طاؤس، سارنگی، سارندہ وایولن اور چیلو۔

(۲) ضرب سے بجنے والے، جیسے بین، ستار، رباب، ڈھولک، طبلہ اور پیانو۔

(۳) پھونک سے بجنے والے، جیسے کارنٹ، کلارنٹ، بانسری اور مشک باجہ۔

دلربا صورت شکل میں ستار سے ملتا جلتا ہے۔ ستار کی طرح اس کے گلو میں

پردے بندھے ہوتے ہیں۔ باج کے تار کے علاوہ جوڑا کھرج، پنچم اور ٹیپ کے تار بھی ہوتے ہیں۔ آس دینے کے لئے پردوں کے نیچے طربیں ہوتی ہیں۔ اس کا پیٹ یا ساؤنڈ بکس سارنگی سے مشابہ ہوتا ہے۔ قدیم ایرانی تصویروں میں دریا کی شکل کے ساز پائے جاتے ہیں۔ موجودہ دلربا پنجاب کا تحفہ ہے۔ تار پر انگلی رکھ کر اسے بجایا جاتا ہے، پردوں سے اس کے سر متعین کئے جاتے ہیں۔

سارنگی دلربا سے آدھے قد و قامت کا ساز ہے۔ یہ ساز سوا ہندوستان اور پاکستان کے دنیا بھر میں کہیں نہیں پایا جاتا۔ اس ساز میں تین باج کے تار تانت کے ہوتے ہیں۔ ان پر تین سپتکیں بجائے جاتی ہیں۔ تار کی موٹائی پر کھرج کا دارومدار ہوتا ہے۔ گونج پیدا کرنے کے لئے طربوں کے تین set ہوتے ہیں۔ یہ ساز ناخنوں سے بجایا جاتا ہے۔ اس طرح کہ تانت کے پہلو سے ناخن ملا کر رکھا جاتا ہے۔ بائیں ہاتھ کی انگلیوں کے ناخن رگڑ دے کر اوپر یا نیچے کھسکائے جاتے ہیں اور دائیں ہاتھ سے باج کے تار پر گز چلایا جاتا ہے۔ سارنگی میں پردے نہیں ہوتے، اس لئے یہ سب سے دشوار ساز سمجھا جاتا ہے۔ گلے کے ساتھ سنگت کرنے اور راگ کے نازک مقامات ادا کرنے میں یہ ساز اپنا جواب نہیں رکھتا۔ اس کے پیٹ پر پتلی کھال منڈھی ہوتی ہے جس سے آواز میں گونج پیدا ہوتی ہے۔ جو کچھ گاییک کے گلے سے ادا ہوتا ہے اسے سارنگی نواز اپنے ناخنوں سے ادا کر دیتا ہے۔ ہماری زبان کا محاورہ "ناخنوں میں ہونا" اسی سے استعارہ ہے۔

وایولن اہلِ مغرب کی سارنگی ہے۔ نازک سی کمر، صراحی دار گردن۔ کہا جاتا ہے کہ جب ہسپانیہ میں مسلمان راج رچتے تھے، کسی مسلم فنکار نے اسے ایجاد کیا۔

اس کے چار تار ہوتے ہیں جن پر انگلیاں چلائی جاتی ہیں۔ وایولن کا نچلا حصہ تھوڑی کے نیچے دبا لیا جاتا ہے تاکہ ساز ہلنے نہ پائے۔ دائیں ہاتھ سے گز چلایا جاتا ہے اور بائیں ہاتھ کی انگلیاں تاروں پر دوڑتی ہیں۔

چیلو بڑی وایولن ہوتی ہے۔ قد و قامت میں وایولن سے چوگنی۔ اس کے بھی چار تار ہوتے ہیں موٹی تانت کے۔ گز سے بجایا جاتا ہے۔ کھرج دار ہے۔ اس سے آرکسٹرا بھاری بھر کم ہو جاتا ہے اور شکوہ پیدا ہوتی ہے۔ بھاری اور بڑا ساز ہونے کی وجہ سے چیلو زمین پر لٹکا کر بجایا جاتا ہے۔

سارندہ سرحدی ساز ہے۔ وایولن سے بھی چھوٹا ہوتا ہے۔ اس کا گنجارہ دل کی شکل کا ہوتا ہے اور آگے سے کھلا ہوتا ہے۔ تار فولاد کے ہوتے ہیں۔ گز سے بجایا جاتا ہے۔ آواز تیز ہوتی ہے۔ سرحدی دھنوں کے لئے سب سے موزوں ساز ہے۔ اب ہمارے سازینے میں بھی شامل ہو گیا ہے۔

ستار ضرب سے بجنے والے سازوں میں ستار ہر دلعزیز ساز ہے۔ کہا جاتا ہے کہ بین کے جواب میں امیر خسرو نے ستار بنایا۔ اس میں ابتداً صرف تین تار تھے۔ جس کی وجہ سے "سہ تار" اس کا نام رکھا گیا۔ امتدادِ زمانہ کے ساتھ اس کے تاروں کی تعداد میں اضافہ ہو گیا اور اس میں بیسیوں تار اور طربیں لگ گئے۔ ایک تونبہ اور گز سوا گز کی ڈانڈ ہوتی ہے جس میں سروں کے فاصلوں کے حساب سے پردے بندھے ہوتے ہیں۔ تار کا نکاؤ بائیں ہاتھ کی انگلیوں سے پردوں پر ہوتا ہے اور دائیں ہاتھ کی انگشت میں مضراب پہن کر باج کے تار پر ضرب لگائی جاتی ہے۔ تار کے کھنچنے سے مینڈ پیدا کی جاتی ہے۔ مینڈ سے سروں کے نازک مقامات ادا کئے جاتے ہیں۔

رباب قد و قامت میں سارنگی کے برابر ہوتا ہے۔ مسلمانوں کے ساتھ اس سرزمین پر آیا۔ اسی کا نام سرود بھی ہے جس کی وجۂ تسمیہ یہ ہے کہ شروع شروع میں رودے کے تین تار ہوتے تھے۔ یوں اس کا نام "سہ رود" پڑا۔ اب سرود میں فولاد کے تار ہوتے ہیں اور رباب میں رودے کے۔

طبلہ ہندوستان کا قدیم تال کا ساز پکھاوج ہے، جو ڈھولک کی شکل کا ہوتا ہے۔ روایت ہے کہ امیر خسرو نے پکھاوج کو بیچ میں سے کاٹ کر دو ٹکڑے کر لئے اور دایاں اور بایاں الگ الگ بنا دیے۔ دایاں سر میں ملایا جاتا ہے اسی وجہ سے اس کے تسموں میں لکڑی کے گٹے لگائے گئے ہیں۔ انہیں سے طبلے کے آٹھوں گھاٹ ایک سر میں ملائے جاتے ہیں۔ طبلہ تال کا ساز ہے، گویا گانے بجانے کی میزان ہے۔ اس کے بول پکھاوج، ڈھولک تاشے وغیرہ سے الگ ہوتے یں۔

ڈھولک قوالوں کا ساز ہے۔ اس کی آواز اور بول طبلے سے الگ ہوتے ہیں۔ اس میں پکھاوج یا طبلے کی طرح گٹے نہیں ہوتے۔ ڈوریوں میں چھلے ہوتے ہیں جن سے ڈھولک کو چڑھایا، اتارا جاتا ہے۔ بائیں ہاتھ کی پٹری میں گدا ہوتا ہے جس کی وجہ سے گونج پیدا ہوتی ہے۔

بانسری ہر ملک میں قدیم سے بجتی چلی آرہی ہے، اس کی مختلف شکلیں ہیں۔ ہندوستان میں کرشن مرلی نے شہرت پائی۔ مغرب کے علم الاصنام میں جنگل کے دیوتاPAN نے بانسری بجائے۔ مولانا روم نے،

بشنو از نے چوں حکایت می کند
از جدائی ہاشکایت می کند

کہہ کر "نے" کو لافانی شہرت دے دی۔ بانسری بانس یا دھات یا ابونائیٹ کی بنائی جاتی ہے۔ اس میں بالعموم چھ سوراخ ہوتے ہیں جن پر انگلیاں رکھی اور ہٹائی جاتی ہیں۔ شہنائی، نفیری، قرنا، سرنا، بوق، کلارنٹ وغیرہ سب اس کی مختلف شکلیں ہیں۔

کلارنٹ مغرب کی ترقی یافتہ بڑی بانسری ہے، اس میں سوراخ بھی ہوتے ہیں اور چابیاں بھی۔ ایک ہی کلارنٹ کھرج کے سروں میں بھی بجائی جاسکتی ہے اور ٹیپ کے سروں میں بھی۔ اس میں بانس کی پتیmouth piece میں لگائی جاتی ہے جس کے اہتزاز سے آواز پید ہوتی ہے۔ سوراخوں اور چابیوں سے سر متعین کئے جاتے ہیں۔

کارنٹ ایک چھوٹا سا پیتلی باجہ ہے۔ بگل کی شکل کا۔ اس میں صرف تین چابیاں ہوتی ہیں جن میں اسپرنگ لگے ہوتے ہیں۔ ان تین چابیوں ہی سے سارے سُر ادا کئے جاتے ہیں۔ ہر چابی سے کئی کئی سر پیدا ہوتے ہیں۔ چابی کو جتنا کم یا زیادہ دبایا جائے اتنا ہی سُر اترتا یا چڑھتا ہے۔ کلارنٹ کی طرح کارنٹ بھی مغربی آرکسٹرا کا ساز ہے جو اب ہمارے سازینے میں بھی شامل ہو گیا ہے۔

***

شام کی چہل پہل

جامع مسجد کے جنوبی رخ کی سیڑھیوں پر کوئی بازار نہیں تھا۔ اکثر فقیر اور کنگلے ان پر پڑے رہتے تھے۔ ایک مجذوب ہیں مادر زاد ننگے، نابینا ہیں، حافظ جی کہلاتے ہیں۔ خاک میں لوٹتے رہتے ہیں۔ ہم نے جب سے ہوش سنبھالا حافظ جی کو ایک ساہی دیکھا۔ انھیں دلی والے بڑا اجلالی بتاتے تھے۔ طرح طرح کی روایتیں ان کے بارے میں مشہور ہیں۔ پولیس نے انھیں کئی بار جیل میں بند کیا مگر سنا ہے کہ وہ باہر نکل آتے ہیں۔ ابھی کلکتہ میں موجود اور ابھی دلی میں آگئے۔ منہ ہی منہ میں کچھ بڑبڑایا کرتے ہیں۔ ضرورت مند اور عقیدت مند انھیں گھیرے رہتے ہیں۔ کوئی دودھ کا افوراہاتھ میں لئے انھیں پلانے کی کوشش کر رہا ہے۔ کوئی دونے میں مٹھائی لئے حاضر ہے مگر حافظ جی نہ تو کچھ کھاتے ہیں اور نہ پیتے ہیں۔ سب کو دھتکارتے ہی رہتے ہیں۔

شہر کے بعض رئیس بھی ان کے معتقد ہیں۔ جو بات ان کے منہ سے نکلتی ہے ہو کر رہتی ہے۔ جواری اور سٹے باز انھیں گھیرے رہتے ہیں۔ ان کی بڑ سے ہی اپنے مطلب کی بات نکال لیتے ہیں۔ لگ گیا تو تیر ورنہ تکا۔ دو کہار انہیں ڈولی میں ڈال کر مقررہ گھر پر لے جاتے ہیں اور صاحب خانہ کہاروں کو دو دو روپے دیتے ہیں۔ حافظ

جی کے آنے کو یہ لوگ باعث برکت سمجھتے ہیں۔ ہم نے ان کی کوئی کرامت تو دیکھی نہیں البتہ یہ ضرور دیکھا ہے کہ دلی کی بربادی سے پہلے حافظ جی خاک بہت اڑانے لگے تھے۔ مٹھیاں بھر بھر کے خاک اڑایا کرتے تھے۔ لوگ پوچھتے، "حافظ جی، یہ کیا کر رہے ہو؟" وہ کہتے، "اب تو خاک ہی اڑے گی۔" اور ۴۷ء میں جیسی خاک اڑی وہ ہم نے بھی دیکھی اور آپ نے بھی۔ دلی کو لو کا ہی لگ گیا۔

ان سیڑھیوں کے مغربی پہلو میں تہہ بازاری ہے۔ سامنے ٹرام کا ٹکٹ گھر ہے۔ سارے شہر کی ٹرامیں یہاں آکر دم لیتی ہیں۔ ایک بوڑھا نابینا فقیر خواجہ میر دردؔ کی غزل،

جس لئے آئے تھے سو ہم کر چلے
تہمتِ چند اپنے ذمے دھر چلے

بڑی دردناک دھن میں سناتا رہتا تھا۔ اس کی آواز دور ہی سے سنائی دینے لگتی ہے۔ اس نے مطلع میں خاصی تحریف کرلی ہے۔ مگر اس تصرف میں مزہ آگیا،

کس لئے آئے تھے ہم کیا کر چلے
تہمتیں چند اپنے ذمے دھر چلے

خواجہ میر دردؔ کے جانشین خواجہ ناصر نذیر فراقؔ دہلوی اس فقیر کو ایک روپیہ دے کر یہ غزل سنا کرتے تھے۔ مؤدب بیٹھ جاتے اور ہر شعر پر جھومتے رہتے۔ جب وہ یہ شعر پڑھتا،

ساقیا یاں لگ رہا ہے چل چلاؤ
جب تلک بس چل سکے ساغر چلے

تو ان کی ایک آنکھ ساون اور ایک بھادوں بن جاتی۔ عجب کیف کا عالم ان پر طاری ہو جاتا۔ فراقؔ مرحوم نے اس مطلع کی تحریف پر نابینا کو کبھی متوجہ نہیں کیا۔ اس کی صدا سنتے اور آنکھیں چھلکنے لگتیں۔

"کباب آہو!"

چوک کے شور کو چیرتی ہوئی ایک آواز گونجی۔ اس آواز میں کوہ ندا کی سی کشش ہے۔ دیکھئے یہ صاحب جو بجلی کے ہنڈے کے نیچے اپنا خوانچہ لئے بیٹھے ہیں یہ آواز انہی کی ہے۔

"کیوں بھئی تم کیا بیچتے ہو؟"

"حضور، کباب آہو۔" یہ کہہ کر انھوں نے جو منہ اوپر کو اٹھایا تو ان کی کوڑیوں جیسی آنکھیں ہنڈے کی روشنی میں چمکیں۔

"ارے یہ بیچارا تو اندھا ہے۔"

خوانچے والے نے سن لیا۔ بولا، "بچپن میں سیتلا نکلی تھی، آنکھیں جاتی رہیں۔"

"اچھا تو تم ہی کباب بناتے ہو۔"

"جی نہیں حضور۔ سودا سلف بازار سے لے آتا ہوں۔ گھر والی کباب تیار کر دیتی ہے۔ ہم بس دو ہی دم ہیں۔ اللہ کی مہربانی سے گزارہ ہو جاتا ہے۔"

"بھئی تم بڑے ہمت والے غیرت مند آدمی ہو۔ کوئی کم ہمتا ہوتا تو بھیک مانگنے لگتا۔"

"جی حضور، چلتے ہاتھ پاؤں کسی کے آگے ہاتھ پسارنا اچھا نہ لگا۔"

"اچھا، اپنے کباب تو کھلاؤ۔"

اندھے نے دو طشتریوں میں دو دو شامی کباب رکھ ایک طرف چٹنی کی لگدی رکھ دی۔ اوپر سے پیاز کا لچھا ڈال گاہکوں کے حوالے کیا۔ بولا، "حضور، آج واقعی میں ہرن ہی کے کباب ہیں۔"

"اچھا! ہرن کا گوشت تم کہاں سے لائے؟"

"جی ہمارے پڑوس میں ایک شکاری رہتے ہیں۔ ان سے مجھے ہرن کا گوشت مل جاتا ہے۔"

"اور جب نہیں ملتا تو؟"

"تو حضور، بازار سے بکری کا گوشت لے لیتا ہوں اور شامی کباب کی آواز لگاتا ہوں۔"

"بھئی تم ایماندار آدمی ہو۔ یہ لو۔"

گاہکوں نے ایک روپیہ دیا اور چلنے کو ہوئے تو اندھے نے کہا، "بابو جی تھمیئے۔" اور خوانچے میں سے ٹٹول کر بارہ آنے انہیں واپس دے دیے۔

"نہیں نہیں، تم یہ بارہ آنے بھی اپنے پاس رکھو۔"

"نہیں حضور، یہ نہیں ہو سکتا۔ چار کبابوں کے چار آنے ہی ہوتے ہیں۔"

"مگر ہم تو خوشی سے تمہیں ایک روپیہ دے رہے ہیں۔"

"اللہ آپ کو خوش رکھے۔ یہ مجھ سے نہ ہو گا۔"

بہتر کہا مگر اندھا نہ مانا۔ ہار کر بارہ آنے اس سے واپس لینے پڑے۔ بھئی یہ دلی ہے۔ یہاں بڑا بڑا اٹرھ مغزا پڑا ہے۔ بھلا وہ کسی کی خیرات زکوٰۃ کیوں لینے لگا؟ چلو

اپنی راہ چلو۔

جہاں ہم اب کھڑے ہیں وہ ایک چھوٹا سا چوراہا ہے۔ جامع مسجد کے جنوبی رخ ہماری پشت ہے۔ دائیں ہاتھ کو ایک راستہ سنگھاڑے سے لگا لگا چاوڑی بازار کو چلا جاتا ہے۔ یہ وہی چاوڑی ہے جس کے بارے میں راسخؔ نے کہا ہے،

چاوڑی قاف ہے یا خلد بریں ہے راسخؔ
جمگھٹے حوروں کے، پریوں کے پرے رہتے ہیں

تیس پینتیس سال پہلے تک چاوڑی کے سارے بالا خانے آباد تھے اور تیسرے پہر ہی سے سجنے شروع ہو جاتے تھے۔ ادھر شام کا جھٹ پٹا ہوا اور ادھر اندر کا اکھاڑا چاوڑی میں اترا۔ پیشہ ور عورتیں بن سنور کر بالاخانوں کے برآمدوں میں آبیٹھتیں۔ یہ عموماً باہر والیاں ہوتی تھیں، پاتریں کہلاتی تھیں۔ خاندانی یا ڈیرے دار طوائفیں سر بازار نہیں بیٹھتی تھیں۔ ان کے علیحدہ کمرے ہوتے تھے یا مکان ہوتے تھے۔ ان کے ہاں ایرے غیرے نتھو خیرے جا بھی نہیں سکتے تھے۔ یہ پیسہ بھی نہیں کماتی تھیں۔ کسی ایک رئیس کی پابند ہوتی تھیں۔، البتہ جانے پہچانے شرفا ان کے ہاں جایا کرتے تھے۔ گھنٹہ دو گھنٹے بیٹھتے، شائستہ گفتگو ہوتی۔ شعر و شاعری، بولی ٹھولی، ہنسی مذاق کی باتیں ہوتیں، گانے کی محفل ہوتی، خیال، ٹھمری، دادرا، غزل گائی جاتی۔ ڈیرہ دارنیوں میں شرفا کے گھروں کا ماحول ہوتا تھا۔ کوئی بیہودگی، کوئی بدتمیزی روا نہیں رکھی جاتی تھی، جبھی تو دلی کے اگلے شرفا اپنے بچوں کو تمیز و شائستگی سیکھنے کے لئے ان کے ہاں بھیجا کرتے تھے۔

غروب آفتاب کے بعد چاوڑی کے بالا خانے بقعۂ نور بن جاتے۔ طبلے کھڑکنے

لگتے، تانیں اڑنے لگتیں، تھئی ناچ ہوتا۔ شوقین مزاج منچلے کمروں پر جاکر گانا سنتے، ناچ دیکھتے اور حسب توفیق پان کی تھالی میں روپے رکھ کر چلے آتے۔ یہ گانے ناچنے والیاں اچھے استادوں سے فن سیکھتی تھیں۔ گھر گھر ان کے مجرے ہوتے تھے۔ کئی کئی سو کی پشوازیں پہن کر ناچتی تھیں۔ ان کی کسی محفل کا حال بھی ہم کبھی آپ کو سنائیں گے۔ یہ بازار چونکہ جامع مسجد کے مغربی رخ پر تھا، اس لئے دیندار مسلمانوں کو اس پر اعتراض تھا۔ برسوں اسے یہاں سے اٹھوانے کی کوشش کی گئی مگر اس بازار میں جائداد ہندوؤں کی زیادہ تھی، اور میونسپل کمیٹی میں بھی ہندو ممبروں کی تعداد زیادہ تھی، اس لئے یہ بازار مدتوں تک یہیں جمارہا مگر جب لاہوری دروازے سے اجمیری دروازے تک دونوں طرف کے پہلوؤں کی زمین نیلام ہوگئی اور ایک نیا بازار بن گیا تو اسے آباد کرنے کے لئے کرایہ داروں کی ضرورت پیش آئی۔ اب جو مسلمانوں نے چاوڑی سے رنڈیوں کو ہٹانے کا مطالبہ پیش کیا تو ہندوؤں نے بھی ایک یہ نئی تحریک چلائی کہ شہر کے وسط میں رنڈیوں کا رہنا خطرے سے خالی نہیں ہے، لہٰذا انہیں اٹھا دینا چاہیے۔

یہاں سے اٹھا کر انہیں کہاں جگہ دی جائے؟

نئے بازار میں۔

لو صاحب، چاوڑی خالی ہوگئی اور نیا بازار آباد ہوگیا۔ اس کا نام نئی چاوڑی پڑ گیا تھا۔ سڑک کا نام برن بسچین روڈ تھا۔ اس لئے آگے چل کر یہ نیا رنڈی بازار صرف "روڈ" کہلانے لگا۔ دیکھتے ہی دیکھتے جنگل میں منگل ہوگیا۔ سارے کرشمے پیسے کے ہیں۔

جامع مسجد کے جنوبی چوراہے کے سامنے والا راستہ مٹیا محل کا بازار ہے۔ بائیں ہاتھ کو مچھلی والوں کا بازار ہے۔ اس میں پہلے صرف انڈا، مرغی، مچھلی اور گوشت کی دکانیں تھیں۔ کوئی چالیس سال سے اس میں کتابوں کی دکانیں کھلنی شروع ہو گئی تھیں۔ رفتہ رفتہ اس بازار میں کتابوں کی دکانوں کی کثرت ہو گئی۔ خواجہ حسن نظامی مرحوم نے بھی اسی بازار میں ایک بہت بڑا کتب خانہ "دی حسن نظامی ایسٹرن لٹریچر کمپنی" کے نام سے قائم کیا تھا۔ خواجہ صاحب کی سرکردگی میں تمام کتب فروشوں نے کوشش کر کے اس بازار کا نام پلٹوا کر "اردو بازار" رکھوایا۔ شاہی زمانے میں اسی کے قریب ایک اردو بازار تھا بھی، جو خانم کے بازار وغیرہ کے ساتھ کھد گیا اور ان بڑے بڑے بازاروں کی جگہ پریڈ کا میدان بن گیا۔

اردو بازار کی بڑی بڑی دکانوں میں کتابوں کی ایک بڑی دکان "کتب خانہ علم وادب" کہلاتی تھی۔ ۱۹۴۷ء میں دلی کے اجڑنے تک مغرب اور مغرب کے بعد اس کتب خانے پر شہر کے اکثر شاعر اور ادیب جمع ہوتے تھے۔ کتب خانے کے مالک سید وصی اشرف صاحب ادیب دوست اور متواضع آدمی تھے۔ شام کو اپنا کاروبار چھوڑ کر اہل علم وادب کی خاطر تواضع میں لگ جاتے تھے۔ شاہ جہانی دیگ کی کھرچن بھی شام کو یہیں مل سکتی تھی۔

وہ دیکھئے استاد بیخود اپنی ہزارہ تسبیح دونوں ہاتھوں میں گھماتے خراماں خراماں چلے آتے ہیں۔ مٹیا محل سے یادگار تک ٹہلنے جاتے ہیں۔ واپسی میں کتب خانے پر ٹھیکی ضرور لیتے ہیں۔ انہیں روزانہ ایک ناول پڑھنے کے لئے چاہیے ہوتا ہے۔ کتب خانے سے ان کی یہ ضرورت پوری ہوتی رہتی ہے۔ ٹکسالی زبان اور ٹنٹالی محاورے

بولتے ہیں، خاص دلی والوں کے لہجے میں۔ ان کی گالیوں میں بھی ایک چٹخارہ ہوتا ہے۔

نواب سراج الدین احمد خاں سائل دہلوی بھی روزانہ جامع مسجد اور اردو بازار کا پھیرا کرتے ہیں۔ عجب شاندار بزرگ ہیں۔ چوگوشیہ، انگرکھا، آڑا پاجامہ اور پاؤں میں انگوری بیل کی سلیم شاہی، سائل صاحب کو دیکھ کر منہ سے بے اختیار سبحان اللہ نکل جاتا ہے۔ آخر عمر میں کولہے کی ہڈی ٹوٹ گئی ہے۔ چلنے پھرنے سے اینڈ ہو گئے ہیں مگر شام کو اردو بازار میں اپنی رکشا میں بیٹھ کر ضرور آتے ہیں۔ بیخود صاحب اسّی سے اوپر ہو گئے ہیں اور سائل بھی اسّی ہی کے پیٹے میں ہیں۔ یہ دونوں بزرگ استاد داغؔ کی یادگار ہیں۔ دلی کی شاعری کا وقار ان ہی دونوں کے دم قدم سے قائم ہے۔

ایک اور اسّی سال کے بزرگ میر ناصر علی "صلائے عام" والے ہیں۔ فراش خانے سے روزانہ چوک تک پیدل آتے ہیں اور پرانی چیزیں دیکھ بھال کر چلے جاتے ہیں۔ پیدل چلنا ان کی وضع داری میں داخل ہے۔ پیچھے پیچھے ایک ملازم حاضر رہتا ہے۔ کچھ خریدتے ہیں تو اس کے حوالے کرتے ہیں۔

ان بزرگوں سے کم عمر والوں میں علامہ راشد الخیری ہیں، قاری سرفراز حسین ہیں، واحدی صاحب ہیں اور عارف ہسوی ہیں۔ ان کا جی چاہتا ہے تو کبھی چوک پر بھی آجاتے ہیں ورنہ ان کی نشست شام کو یادگار میں رہتی ہے۔ خواجہ حسن نظامی بستی نظام الدین میں رہتے ہیں مگر روزانہ شہر ضرور آتے ہیں اور اردو بازار میں سے ضرور گزرتے ہیں۔ ان کی لٹریچر کمپنی تو کبھی کو ختم ہو چکی مگر ایک چھوٹی سی دکان میر قربان علی بسملؔ کی ہے۔ میر صاحب خواجہ صاحب سے کچھ بڑے ہی ہیں، صرف

خواجہ صاحب کی کتابیں بیچتے ہیں۔ کبھی ایک رسالہ دلی سے "اردوئے معلی" نکالتے تھے۔ خواجہ صاحب نے ان کی دوستی کو آخر تک نبھایا۔ خواجہ صاحب کا ایک بہت اچھا مکان اردو بازار کے پرلے سرے پر ہے جس کا نام انہوں نے "اردو منزل" رکھا ہے۔ اس مکان کے لئے انہوں نے اپنے ٹائل الگ بنوائے ہیں جن پر "ہر گھر اردو" اور "گھر گھر اردو" لکھوایا ہے۔ دلی کی آخری بہار انہی بزرگوں کے دم سے تھی۔ ان کا مفصل حال بھی انشاء اللہ آپ کو کبھی سنائیں گے۔

لیجئے وہ مغرب کی اذان ہو رہی ہے۔ نمازی جامع مسجد میں داخل ہونے لگے۔ چوک کی رونق چھٹنے لگی۔ خوانچے والوں نے دوشاخے روشن کر لئے۔ تہہ بازاری میں بجلی کے قمقمے روشن ہو گئے۔ سیلانی جیوڑے تو ابھی کہیں اور ہوا کھائیں گے۔ اڈے پر سے تانگے کریں گے، دلی دروازے کی سڑک پر دوڑ لگائیں گے، فراٹے کی ہوا کھائیں گے۔ چٹورپن سے پیٹ تو بھرا ہوا ہے ہی، رات گئے گھر آئیں گے۔ جنھیں جلدی گھر پہنچنے کی عادت ہے، انھوں نے گھر کا رخ کیا۔

مٹیا محل کے بازار کے نکڑ پر پہونچتے ہی خوشبو کا بھبکا آیا۔ سامنے پھول والوں کی دکانیں ہیں۔ بڑی بڑی چھبڑیوں اور چنگیروں میں لال لال گیلا قند بچھا ہوا ہے۔ اس پر چنبیلی کا ڈھیر پڑا مسکرا رہا ہے۔ ایک طرف گجراتی موتیا کی لپٹیں آ رہی ہیں۔ چھبڑی میں مکھانے سے پھیلے ہوئے ہیں۔ جوہی کی بالیاں قرینے سے بھری رکھی ہیں۔ مولسری کی لڑیاں ہیں۔ منہ بند کلیوں کی چمپا کلیاں ہیں۔ پھولوں اور مقیش کے جھومر ہیں۔ کلیوں اور بادلے کی سراسریاں ہیں، کرن پھول ہیں، ٹیکے ہیں، مانگ پٹیاں ہیں، سیس جال ہیں، طرّے ہیں، بدھیاں ہیں، کنگن ہیں، کلیوں کی چوہے

دتیاں ہیں، پہونچیاں ہیں، آرسیاں ہیں، ہار ہیں، گجرے ہیں، چمپا کی گڈیاں ہیں۔

ایک ٹوکرے میں گلاب اور گیندے کے پھول بھرے ہیں۔ بیلا، موگرا اور زرد چنبیلی کی کچھ اور ہی بہار ہے۔ ہرے ہرے ڈھاک کے پتوں کے دونوں میں تول تول کر پھول ڈالے جا رہے ہیں۔ پھولوں کے گہنے اُکواں بکتے ہیں۔ دلی والے تیل پھلیل اور پھولوں کے عاشق ہیں۔ منوں کے مول پھول تلتا اور بکتا ہے۔ منڈیوں اور دکانوں کے علاوہ پھیری والے چھیپے بھرے محلے محلے اور گھر گھر پھول بیچتے پھرتے ہیں اور سب پھول بک جاتے ہیں۔

پھول لے کر آگے بڑھے کہ حلوائیوں کی دکانیں شروع ہو گئیں۔ سجی سجائی دکانوں میں بیسیوں طرح کی مٹھائیاں تھالوں میں چنی ہوئی ہیں۔ حلوائی کے ہاں سے دو ایک ٹوکریاں بندھوائیں اور لدے پھندے گھر پہونچے۔ بچے دوڑ کر لپٹ گئے۔ بیوی کی باچھیں کھل گئیں۔ سچ ہے "ہنستے ہی گھر بستے ہیں۔"

***

چٹور پن

دلی والے بڑے چٹورے مشہور تھے۔ انہیں زبان کے چٹخاروں نے مار رکھا تھا۔ کچھ مردوں ہی پر موقوف نہیں، عورتیں بھی دن بھر چرتی رہتی تھیں اور کچھ نہیں تو پان کی جگالی ہی ہوتی رہتی تھی۔ بنگلہ پان تو غریب غربا بھی نہیں کھاتے تھے۔ جب دیسی پان افراط سے ملتا تو موٹے پتے کون چبائے؟ دو ڈھائی آنے میں ڈھولی ملتی تھی۔ یہ بڑے بڑے پان اور ایسے کرارے کہ پان اگر ہاتھ سے چھوٹ کر فرش پر گرے تو اس کے چار ٹکڑے ہو جائیں۔ ۱۹۴۶ء تک چھالیا پرانی رول کی روپے کی چار سیر آتی تھی۔ کتھا کلکتہ کا دو روپے سیر۔ چونے کی کلھیاں پان والوں کے پاس رکھی رہتی تھیں۔ چونے کے دام نہیں لئے جاتے تھے۔ پان خریدیے اور چونا مفت لیجئے۔ پان والے گلی گلی پھر کے بھی پان بیچا کرتے تھے۔ ایک پیسے کے چھ، ایک پیسے کے آٹھ۔ پٹاری ہر گھر میں ہوتی تھی۔ فوری خاطر پان ہی سے کی جاتی تھی۔ پان کی تھالی میں عموماً کوئی شعر کندہ ہوتا تھا۔ مثلاً،

دست نازک بڑھایئے صاحب
پان حاضر ہے، کھایئے صاحب

یا

برگ سبز است تحفۂ درویش
چہ کند؟ بے نوا ہمیں دارد

اتنے اچانک آجانے والا پان ختم کرے، بازار سے مٹھائی، کچھ سلونا اور موسم کا میوہ آجاتا۔ پھر مہمان کی خوب خاطر تواضع کی جاتی۔ دلی والے متواضع بھی بہت تھے۔ قرض کریں دام کریں، مہمان پر اپنا بھرم کھلنے نہیں دیتے تھے۔ دلی کے غریب کماتے بھی خوب تھے مگر اپنی عادتوں کے پیچھے محلے کے بنئے کے قرض دار اکثر رہتے تھے۔ گروی گانٹھا بھی یہی بنیا کرتا تھا۔ اصل چیز اس کے پاس رکھنے کے بعد پھر ہاتھ نہیں آتی تھی۔ سود در سود میں برابر ہو جاتی تھی۔ یہ گھونس اکثر امیروں کے گھروں میں بھی لگی ہوئی تھی۔ مسلمانوں کی بڑی بڑی حویلیاں بنیوں نے چپچپاتے ہڑپ کرلی تھیں، مگر خوش باشوں اور بے فکروں کو اس کی بھی پرواہ نہیں تھی۔ ہم نے اکثر لاکھ کے گھر خاک ہوتے دیکھے۔ لال کنوئیں پر ایک مسلمان رئیس کا بے مثل کتب خانہ برسوں کوڑیوں کے مول بکتا رہا۔

جزرس اور کنجوس آدمی کو دلی والے منحوس سمجھتے تھے اور اس کی شکل تک دیکھنے کے روادار نہ تھے۔ جو کبھی صبح ہی صبح کسی ایسے کی شکل اتفاقاً دکھائی دے جاتی تو کہتے، "خدا خیر کرے، دیکھئے آج کیا افتاد پڑتی ہے۔" اکثر ہوتا بھی یہی تھا کہ ان کے وہم کی وجہ سے کوئی نہ کوئی پریشانی پیش آجاتی۔

کہتے ہیں کہ بادشاہ کے زمانے میں ایک ایسا ہی منحوس شہر میں تھا جس کے بارے میں مشہور تھا کہ اگر اس کی صورت دیکھ لی جائے تو دن بھر روٹی نہیں ملتی۔ شدہ شدہ بادشاہ تک اس کی شکایتیں پہنچیں تو بادشاہ نے کہا، "نہیں جی، کہیں ایسا بھی

ہو سکتا ہے؟" شکایت کرنے والے نے کہا، "حضور ہوتا ہے ہاتھ کنگن کو آرسی کیا، تجربہ کر دیکھئے۔" چنانچہ ایک دن صبح کو بادشاہ بر آمد ہوئے تو لگانے والوں نے اس شخص کو بادشاہ کی نظر سے گزار دیا۔ اللہ کی شان اس دن دو مقدمے آکر ایسے اڑے کہ دن کا تیسرا پہر ہو گیا اور خاصا تناول فرمانے کا وقت نکل گیا۔ بادشاہ سلامت کو جب جتایا گیا تو انہوں نے فرمایا، "اماں ہاں، یہ شخص تو واقعی میں منحوس ہے۔ پیش کرو اسے ہمارے حضور میں۔" حکم کی دیر تھی اس غریب کو عصا بر داروں نے پکڑا اور کشاں کشاں لے آئے۔

بادشاہ نے فرمایا، "اماں تم بڑے منحوس ہو، جو تمہیں دیکھ لیتا ہے اسے روٹی نہیں ملتی، لہٰذا تمہیں موت کی سزا دی جاتی ہے۔" آدمی تھا حاضر جواب۔ بولا، "حضور والا میں تو اتنا منحوس ہوں کہ مجھے جو دیکھ لیتا ہے اسے روٹی نہیں ملتی مگر میں نے آج حضور کے دیدار کئے تو اپنی جان ہی سے چلا۔" بادشاہ ہنس پڑے اور اس کی جان بخشی فرمائی۔

دلی والوں کی ایک کہاوت تھی کہ "ایک داڑھ چلے، ستر بلا ٹلے۔" کھانے کا تھک جانا ہی روگ کی جڑ ہے۔ دلی والے گھر میں بھی اچھا کھاتے تھے اور باہر بھی۔ غریبوں میں تو سبھی گھر والیاں خود کھانا پکاتی تھیں اوسط درجے کے گھروں میں بھی سالن کی ایک دو ہنڈیاں گھر والی بی بی خود پکاتی تھیں۔ البتہ روٹی ڈالنے کے لئے ماما رکھی جاتی تھی۔ بغیر گوشت کے غریبوں کے حلق سے بھی روٹی نہیں اترتی تھی اور گوشت ہی کون سا مہنگا تھا؟ چھوٹا گوشت چار آنے سیر اور بڑا چھ پیسے سیر۔ جمعہ کو گوشت نہ ہونے کے باعث دال پکتی تو اس میں بھی دو دو انگل گھی کھڑا ہوتا۔ خالص

گھی روپے سیر تھا۔ اڑد کی دال اور کھچڑی پر گھی کا ڈلا رکھ دیا جاتا، ساری ترکاری کو ہندوؤں کا کھانا بتایا جاتا۔

اس زمانے میں دلی میں ہوٹلوں اور چائے خانوں کا رواج بالکل نہیں تھا۔ بھٹیار خانے البتہ ہوتے تھے جن میں پائے اور اوجھڑی پکائی جاتی تھی۔ دو پیسے میں پیالہ بھر کے ڈھب ڈھب شوربہ مل جاتا تھا۔ دو پیسے کی دو خمیری روٹیاں لے کر اس میں چوری جاتیں اور غریب مزدور چار پیسے میں اپنا پیٹ بھر کر کام پر سدھار جاتا۔ مگر دلی کے دستکار یا محنت کش ان چیزوں کو پسند نہیں کرتے تھے۔ جاٹوں اور رانگڑوں کا یہ من بھاتا کھاجا تھا۔ دلی کے غریب بھی کچھ کم نک چڑھے نہیں تھے۔ پوریوں، کچوریوں، مٹریوں اور حلوے مانڈوں کا ناشتہ کرتے تھے۔ کہتے تھے کہ "میاں جب ہمارے ہی دھڑ میں کچھ نہیں پڑے گا تو پھر کمائے گا کون؟"

شام ہوتے ہی چوک کی بہار شروع ہو جاتی۔ جامع مسجد کے مشرقی رخ جو سیڑھیاں ہیں ان پر اور ان کے پہلوؤں میں ہر قسم کا سودا بکتا تھا۔ یہیں شام کو چٹورپن بھی ہوتا تھا۔ سستے سمے تھے، ایک پیسے میں چار سودے آتے تھے۔ دستکار شام کو دھانگیاں لے کر آتے۔ دھیلی پاؤلا گھر میں دیتے، باقی اپنی انٹی میں لگاتے۔ کارخانے یا کام پر سے گھر آنے کے بعد میلے کپڑے اتارتے اور نہا دھو کر اجلا جوڑا پہنتے اور چھیلا بن کر گھر سے نکلتے۔

میاں شبو کی سج دھج تو ذرا دیکھئے! سر پر چنی ہوئی دوپلی، بالوں میں چنبیلی کا تیل پڑا ہوا، کان میں خس کا پھویا، بیچ کی مانگ نکلی ہوئی، چکن کا کرتہ، اس کے نیچے گلابی بنیان، سیدھے بازو پر سرخ تعویذ بندھا ہوا کرتے میں سے جھلک رہا ہے۔ چست

پاجامہ، لاہور کا ملاگیری ازار بند، ڈھکا چھپا ہونے پر بھی اپنی بہار دکھا رہا ہے، پاؤں میں انگوری بیل کی سلیم شاہی، ٹھمک چال، اپنے ڈنڈ قبضوں کو دیکھتے چلے آ رہے ہیں۔ انہیں دیکھ کر بھلا کون کہہ سکتا ہے کہ دن بھر لنگوٹ کسے ہتھوڑا چلاتے ہیں تو شام کو دو روپے پاتے ہیں۔ مگر نیتیں اچھی تھیں اس لئے پیسے میں بھی برکت تھی۔ شب برات پر پیدا ہوئے تھے، یوں نام شب براتی رکھا گیا تھا جو مخفف ہو کر شبو رہ گیا۔

ہاں تو میاں شبو سلام جھکاتے اور سلام لیتے۔ میاں والیکم سلام۔ میاں جیتے رہئے، میاں سلامت رہئے، کہتے سوئی والوں سے چتلی قبر اور مٹیا محل کے بازار میں سے نکلتے ہوئے چوک پر پہنچ گئے۔ یہاں ان کے دو چار یار مل گئے۔ انہیں دیکھ کر ان کے چہرے پر شفق سی پھیل گئی بولے، "ابے خوب ملے، میں تو دل میں کے ہی ریا تھا کہ اپنا کوئی یار مل جائے تو مزہ آ جائے۔"

یاروں کی ٹولی ہنستی بولتی آگے بڑھی تو سامنے میاں سبحانہ قیمے کی گولیاں بنا بنا کر کڑھاؤ میں اوپر کے رخ سے ڈالتے جاتے ہیں۔ جب آٹھ دس اکٹھی ہو جاتی ہیں تو ایک ڈنڈی سے انہیں اونٹتے ہوئے تیل میں کھسکا دیتے ہیں۔ یاروں نے میاں سبحانہ سے صاحب سلامت کی۔ میاں شبو نے کہا، "استاد کیا موتے ہو رہئے ہیں؟" سبحانہ بولے، "میاں آؤ جی کرخندار۔ آج تو کئی دِنا پیچھو تم نے صورت دکھائی۔ خیر تو ہے۔" شبو بولے، "کرخندار نے ناواں نئیں دیا تھا ورنہ اب توڑی تو تمہارے ہاں کے کئی پھیرے ہو جاتے۔ اچھا لاؤ چار دونے تو بنا دو۔"

"گولیاں ہی لوگے یا کچھ اور بھی رکھ دوں؟"

"اماں تم دینے پر آؤ گے تو بھلا کیا رہنے دو گے۔"

اس ضلع جگت کے بعد میاں سبحانہ نے ڈھاک کے ہرے پتوں کے دونے بنا بنا کر دینے شروع کئے۔ قیمے کی گولیاں، مچھلی کے کباب، لونگ چڑے، تئی کے کباب، پانی کی پھلکیاں، ان پر چٹنی کا چھینٹا مارا اور بولے، "آج بڑا توفہ مال ہے، مزا آ جائے گا۔" اور واقعی میں مزا آ گیا۔ آنکھ اور ناک دونوں سے پانی ساون بھادوں کی طرح بہنے لگا۔ شبو سی سی کرتے ہوئے بولے، "اماں استاد، آج تو تم نے آگ لگا دی۔ دیکھتے ہو کیا حال ہو ریا ہے؟" سبحانہ نے کہا، "کرخندار یہ نزلے کا پانی ہے نزلے کا، اس کا نکل جانا ہی اچھا، میاں سو بیماریوں کی جڑ ہے نزلہ۔"

اتنے میں سقہ کٹورا بجاتا ہوا آ گیا، "میاں آب حیات پلاؤں؟ صابر صاحب کے کنوئیں کا ہے۔" سب نے کہا، "بھئی اچھے وخت آ گئے، لاؤ۔" برف جیسا ٹھنڈا پانی پیتل کے موٹے موٹے کٹوروں میں ڈال کر سب کو دیا۔ سب نے ڈگڈ گا کر پیا تو منہ کی آگ کچھ بجھی۔ پیسے دو پیسے سقے کو دے کر آگے بڑھے تو کھیر والا دکھائی دے گیا۔

ان بڑے میاں کی کھیر بھی سارے شہر میں مشہور ہے۔ بھئی واہ! ان کی تو ہر چیز سفید ہے! بڑے میاں کے بال، بھنوئیں، پلکیں، داڑھی، کھیر، لگن پوش، سب سفید براق۔ ایک ایک دو دو پیالے سب نے کھائے۔ جو سوندھ پن اور داغ کا مزا ان کی کھیر میں آتا ہے کسی اور کے ہاں نہیں آتا۔

آگے بڑھے تو پہلوان کو دیکھا کہ سنگھاڑے کے کونے پر ایک مونڈھے پر خود بیٹھے ہوئے ہیں اور ایک چھوٹے الٹے مونڈھے پر ایک بڑا سا ہنڈا دھرا ہوا ہے۔

ہنڈے پر لال کھاروا پانی میں تر بتر پڑا ہوا ہے اور پہلوان آواز لگا رہے ہیں، "آنے والا دو دو پیسے۔"

یاروں کی ٹولی ان کے پاس پہنچی۔ کیوں پلوان، کیا سارے گاہکوں کا مول دو دو پیسے لگا دیا ہے؟" پہلوان بولے، "میاں میرے، میں تو اپنی قلفیوں کی آواز لگا ریا ہوں، تمہارے تیئں کچھ نہیں کے ریا۔" شبو نے کہا "اماں ہم سمجھے تم نے ہماری سبھی کی اوقات ٹکے کی سمجھ لی۔" پہلوان بولے، "جی بھلا میں ایسی غستاخی آپ کی شان میں کر سکتا ہوں؟ آؤ بیٹھو، مونڈھا لو آج میں تمہیں پستے کی کھلاؤں گا۔"

یہ کہہ کر پہلوان نے ہنڈے میں ہاتھ ڈالا اور ٹٹول کر ایک بڑی سی مٹی کی قلفی نکالی، چکو سے اس کے منہ پر سے آٹا ہٹایا اور ڈھکنا الگ کر کے برف میں ایک چمچہ کھڑا کر دیا اور بولے، "لو تم یہ اخورا لو۔" چاروں کو انہوں نے اخورے کھول کھول کر تھما دیے۔ بولے، "نرے پستے ہیں دودھ میں گھٹے ہوئے۔"

بہت عمدہ برف تھی، سچ مچ ہونٹ چاٹتے رہ گئے سب کے سب۔ چلتیوں کو جب دام پوچھے تو ایک روپیہ! شبو بولے، "آکا یہ کیا؟ تم تو دو دو پیسے کی آواز لگا رئیے تھے؟" پہلوان نے کہا، "میاں میرے، دو پیسے والی بھی ہے میرے کنے، شربت کی، بھلا وہ تمہارے لاحق ہے؟ رئیسوں کے کھانے کی یہی پستے کی ہوتی ہے۔ سارے شہر میں ہو آؤ، جو ایسی کہیں مل جائے تو اپنے پیسے لے جانا۔" شبو اور ان کے یار بھلا اپنے آپ کو غریب کیسے تصور کر لیتے؟ بولے، "پلوان سچ کہتے ہو تم جیسا مجازدان اور ہم جیسا قدردان بھی کم ملے گا، لو تھامو یہ روپیہ۔" چھٹکتا ہوا روپیہ پہلوان کی گود میں آپڑا۔

شبو نے آگے بڑھ کر کہا، "بھئی اب منہ سلونا کرنا چئے۔"

ایک ساتھی نے کہا، "چڑیا والے کے ہاں چلو۔"

دوسرا بولا، "اماں کل ہی تو میں نے وس کے ہاں کے تکے کھائے تھے۔ آج کہیں اور چلو۔"

تیسرے نے کہا، "اچھا تو چچا کے ہاں چلو۔" یہ وہی چچا ہیں جن کا ذکر خیر ہم پہلے بھی کر چکے ہیں۔ چلئے ان کرخنداروں کے ساتھ بھی چل کر دیکھیں ان پر کیا گزرتی ہے۔

چچا کبابی پائے والوں کے رخ جامع مسجد کی سیڑھیوں کے پہلو میں اکیلے بیٹھتے تھے۔ پرانے زمانے کے آدمی تھے، بڑے بدنما داغ، منہ پھٹ، یار لوگوں کو انہیں چھیڑ کر گالیاں کھانے میں مزا آتا تھا۔ یاروں کی چوکڑی نے ادھر کا رخ کیا۔ شام کا جھٹ پٹا ہو چکا تھا۔ چچا کے ٹھئے پر دوشاخہ جل رہا تھا۔ چچا سیخیں بھر بھر کر رکھتے جا رہے تھے اور ان کا لڑکا بندو پنکھا جھل رہا تھا۔ پانچ سات گاہک کھڑے تک رہے تھے اور چچا کو ٹرواس لگی ہوئی تھی۔ میاں شبو کو شرارت سوجھی، آگے بڑھ کے روپیہ چھنکا کر چچا کی طرف اچھالا، "بڑے میاں ایک روپے کے کباب دے دو، زلدی سے۔"

چچا نے انہیں سر سے پاؤں تک دیکھا، روپیہ اٹھایا اور اسی طرح سڑک پر اچھال دیا۔ پھر بغیر ان کی طرف دیکھے بولے، "میاں بھائی، بنے، تمہیں زلدی ہے تو کہیں اور سے لے لو۔ میں تو لمبر سے دوں گا۔ پہلے ان میاں کی دونی آئی ہوئی ہے، انہیں نہ دوں تمہیں دے دوں؟ کل بھی تم سری کے ایک حرامی آئے تھے، میں

نے ون سے کہا، "دیکھو میاں ودھر میرا بھائی اے وز بیٹھتا ہے، وس سے لے لو۔ سیخ بھی بھاری بھرتا ہے، فائدے میں رہو گے۔ بلکن کوئی اور چیز کھالو بنے۔ یہ آگ کا کام ہے، گرم چیز ہے تمہیں نقصان کرے گی۔ کوئی باہر والے تھے ون کی سمجھ میں آ گئی، روپیہ اٹھا کر چل دیے۔"

شبو بولے، "مگر چچا ہم تو مریم تو ٹلیم نہیں تم ہی سے کھا کے جائیں گے۔"

"اے میرے میاں، میں کب کہتا ہوں کہ جاؤ؟ مگر ذرا چھری تلے دم تو لو، تم تو ہوا کے گھوڑے پر سوار ہو اور میں زلدی کا کام کرتا نہیں، ان گاہکوں کو پہلے بھگتا دوں۔ ابے لمڈے قالین بچھا دے ان کے لئے۔ چین سے بیٹھو، ہمیشہ کے آنے والے ہو پھر بھی ایسی نے دانی کی بات کرتے ہو۔ چلو بیٹھو۔"

لمڈے نے چھپے ہوئے ٹاٹ کا ٹکڑا چچا کے ٹھئے کے پیچھے بچھا دیا۔ ٹاٹ میلا اور گندہ تھا، چاروں اس پر اکڑوں ہو بیٹھے، کچھ دیر بعد چچا نے پلٹ کر ان کی طرف دیکھا بولے، "میاں بھائیوں، ٹک کر بیٹھو اشرافوں کی تریوں یوں اٹھاؤ چولہا کب تک بیٹھو گے؟ آگ لینے آئے ہو؟ ہاں بولو کیا کیا دوں؟"

"چچا تم تو جانتے ہی ہو، چار آدمیوں کے لئے بنا دو اپنا نسخہ۔"

"بس تو چار سیخیں، چار بھیجے اور چار گھی کئے دیتا ہوں۔ چل بے لمڈے دو پیسے کی برف لے آ لپک کے اور لا کر بالٹی میں پانی بنا دے۔ ابے آگیا؟ سالے ابھی یہیں اینڈ رہا ہے۔ ابے تیتری ہو جا۔" اور بندو سر پر پاؤں رکھ کر بھاگا۔

چچا کے باپ دادا سب اسی جگہ بیٹھتے تھے۔ ان کے کباب بادشاہ کے دستر خوان پر جایا کرتے تھے۔ انہی کا نسخہ سینہ بہ سینہ چچا کو پہنچا تھا۔ قیمے میں کچھ اس حساب سے

مسالے ملاتے تھے کہ جو بات ان کے کبابوں میں ہوتی تھی، دلی کے کسی اور کبابی کے ہاں نہیں ہوتی تھی۔ چچا نے نسخے میں یہ اور اضافہ کیا کہ جو بیٹھ کر یہیں کھانا چاہیں ان کے لئے بھیجے اور گھی کا انتظام بھی کر لیا۔ بھیجا بکری کا ہوتا تھا۔ سیخیں جب سنک جاتی تھیں تو انہیں غوری میں اتار کر ان کے ڈورے نکال دیتے۔ پھر ایک بادیے میں چار کٹوریاں گھی کی ڈالتے۔ جب پیاز سرخ ہو جاتی تو چاروں سیخیں اور چاروں بھیجے اس میں ڈال کر گھونٹ دیتے۔ چنگیر میں خمیری روٹیاں رکھ کر کبابوں کی غوری انہوں نے میاں شبو کو تھما دی۔ پھر ایک چھوٹی سی غوری میں پیاز کا لچھا، ہری مرچیں، پودینہ، کیری کا لچھا، ادرک کی ہوائیاں رکھ دیں۔ ایک طرف نیبو اور گرم مسالہ رکھ دیا اور بولے، "میاں یاد کروگے چچا کو، ہم تو چلنہاروں میں ہیں۔ ایک دنا سن لوگے کہ چچا لد گئے۔ پھر تمہارے تئیں معلوم ہوگی قدر چچا کی۔"

شبو بولے، "چچا ایسی دل پھٹنے کی باتیں مت کرا کرو۔" چچا نے کہا، "نہیں میاں میں سچ کہتا ہوں بہت گئی تھوڑی رہی۔ اب تو میرے میاں چپلی کو اب کا زمانہ ہے۔ کدی نام بھی سنا تھا اس کا؟ دلی والے اب گولے کے کباب نہیں جوتیاں کھائیں گے جوتیاں۔"

اس کے بعد چچا کا ناریل چٹخا اور مغلظات کا ایک دریا ان کے منہ سے رواں ہو گیا۔ میاں شبو اور ان کے ساتھیوں نے آپس میں اشارے کئے اور چپکے سے وہاں سے کھسک آئے۔

٭٭٭

ساقی کا پہلا اداریہ (۱۹۳۰ء)

بنامِ شاہد نازک خیالاں

عزیزِ خاطر آشفتہ حالاں

اردو کو بہت پرانی زبان ہونے کا دعویٰ نہیں، مگر اس تھوڑی سی عمر میں اس نے اتنا عروج حاصل کیا اور اس قدر مقبول ہوئی کہ اس کی مثال السنۂ عالم میں نہیں ملتی۔ اس کا اقبال ورواج فی الحقیقت قابل رشک ہے۔ ہمارے ملک کی اور زبانوں کو اگر اس پر رشک آئے تو بجا مگر وہ اس سے ہم سری کا دعویٰ نہیں کر سکتیں۔ جو حلاوت اور عذوبیت اور شیرینی اردو زبان میں ہے کسی زبان میں موجود نہیں۔

یہ پودا ہے جس کو بادشاہوں نے اپنے خونِ جگر سے سینچا۔ امرا نے اس کی نشوونما کی اور ہندوستان کے مایہ ناز اہل قلم نے اپنے رشحات قلم سے اس کی آبیاری کی اور اب ہم یہ دیکھ کر خوش ہیں کہ وہ پودا جس نے کہ بادہائے مخالف کے سیکڑوں تھپیڑے سہے اور زمانے کے گرم و سرد کی لاکھوں خزائیں جھیلیں، آج ایک خوشنما درخت بن گیا ہے جس کے سایہ میں ہم بیٹھتے ہیں۔ یہ ہمارا فرض ہے کہ اس کی بالیدگی کا حتی الامکان خیال رکھیں اور جہاں تک ہم سے ہو سکے اس کو زمانے کے مضر اثرات سے بچائیں۔ اردو ہماری زبان ہے اس لیے اس کی حفاظت ہمارے سب

کاموں پر مقدم ہے۔ ہمارا فرض ہے کہ اس کے ظل بابرکت کو اور وسعت دیں، یہاں تک کہ اگر ایک عالم پر نہیں تو کم از کم ہندوستان ہی پر چھا جائے۔

زبان اردو کی تاریخ کا مطالعہ کرنے سے واضح ہو جائے گا کہ ہماری زبان اب تک ترقی کرتی رہی اور اب بھی شاہراہ ترقی پر گامزن ہے۔ ہم تسلیم کرتے ہیں کہ اب نہ تو دہلی کی خاک سے غالبؔ و ذوقؔ پیدا ہوتے ہیں اور نہ لکھنؤ کی ارض مینو سواد سے آتشؔ و ناسخؔ۔ مگر صرف ایک صدی پیشتر کی اردو کا مطالعہ کیجئے اور اس کا مقابلہ آج کی زبان سے کیجئے۔ ملک میں نہ یہ زبان تھی اور نہ یہ کتابیں جو کہ آج ہمیں میسر آ رہی ہیں۔ تاریخ، جغرافیہ، ہیئت، نجوم، فلسفہ، مذہب غرض تمام معقول و منقول علوم کی کتب ہمیں بافراط بہ آسانی ملتی ہیں اور ان کی تعداد میں روز بروز نمایاں اضافہ ہو رہا ہے اور وہ زمانہ دور نہیں جبکہ ہم اپنی زبان کو ایک علمی زبان بھی کہہ سکیں گے۔

زمانہ حال ترقی کا زمانہ ہے۔ ہمارے خیالات بہ نسبت گزشتہ نسلوں کے زیادہ وسیع اور زیادہ کشادہ ہیں۔ خیالات کے اظہار کے لیے ضروری ہے کہ زبان ہو اور زبان بھی وہی جس میں ہمارے خیالات بہ آسانی منتقل ہو سکیں۔ ہم دیکھ رہے ہیں کہ ہماری زبان میں اور زبانوں کے خیالات کس قدر منتقل کئے جا رہے ہیں۔ زبان اردو کی مثال ایک بچہ کی سی ہے کہ پہلے رینگتا ہے، پھر گھٹنوں چلتا ہے، پھر اپنے پیروں پر کھڑا ہو کر چلتا ہے اور پھر دوڑنے لگتا ہے، اسی طرح ہماری زبان نے بھی بتدریج ترقی کی ہے اور اپنے ابتدائی مراحل طے کرنے کے بعد اب تیزی کے ساتھ قدم اٹھا رہی ہے۔

ہم وثوق سے کہہ سکتے ہیں کہ ان لوگوں کا دعویٰ قطعی باطل ہے جو کہتے ہیں کہ، "ہمارا زمانہ اردو زبان کا دورِ انحطاط ہے۔" اردو ترقی کر رہی ہے اور جوں جوں اردو بولنے والی نسلیں ترقی کرتی جائیں گی اور جیسے جیسے یہ نسلیں متمدن نسلوں میں شمار ہونے لگیں گی، ان کی زبان بھی ایک علمی زبان شمار کی جائے گی۔ اردو زبان ایک علمی زبان بن چلی ہے اور ایک نہ ایک دن کامل علمی زبان بن کر رہے گی۔

"تمام ہندوستان کے لوگ جو اردو بولتے ہیں اہل زبان اور تمام ہندوستان کے وہ لوگ جو اردو کی خدمت کرتے ہیں، زبان دان ہیں۔ لیکن ان سب کا سرچشمہ دہلی اور لکھنؤ ہے۔ گویا دہلی اور لکھنؤ ایک ایسا کالج ہے جہاں سے زبان کی سند ملتی ہے۔ ان میں اولیت کا تاج دہلی کے سر ہے۔" (خواجہ عبدالرؤف لکھنوی) مگر ہمیں یہ دیکھ کر افسوس ہوتا ہے کہ اہل دہلی اپنے موروثی وقار کو دن بہ دن کھوتے جاتے ہیں، جس کی بڑی وجہ یہ ہے کہ ہمارے ہاں کے اہل قلم حضرات کو مکروہاتِ دنیا نے کچھ ایسا گھیرا ہے کہ وہ یا تو قلم ہی چھوڑ بیٹھے ہیں اور یا کوئی اچھا ذریعہ نہ ہونے کی وجہ سے خاموش ہیں۔

لکھنؤ میں زبان کا چرچہ ہے۔ کتنی ہی انجمنیں ہیں جو کہ تحفظِ ادب کے لئے قائم کی گئی ہیں۔ شعر و سخن کی گرم بازاری ہے۔ آئے دن مشاعرے ہوتے رہتے ہیں۔ مباحثے ہوتے ہیں اور زبان کی ترقی کے لئے ہر ممکن کوشش کی جاتی ہے اور اہل لکھنؤ کو اپنے ارادوں میں خاطر خواہ کامیابی بھی ہو رہی ہے۔ دہلی میں اہل قلم کا کال نہیں اور وہ لوگ بڑی غلطی پر ہیں جو یہ کہتے ہیں کہ دہلی اب برائے نام رہ گئی ہے۔ وجہ صرف یہ ہے کہ ہمارے ہاں زبان کا بہت کم چرچہ ہے۔ ایک انجمن بھی ایسی نظر

نہیں آتی جس کا مقصد زبان اردو کی ترقی ہو۔ شعر و سخن کا بازار بھی سرد ہے۔ کبھی برس دو برس میں سن لیتے ہیں کہ فلاں جگہ محفل شعراء قائم ہوئی ہے۔ ان خامیوں کی وجہ سے تبادلۂ خیالات تو مطلق ہوتا ہی نہیں اور چونکہ زبان کی ترقی کی کوشش نہیں کی جاتی، اس لئے اہل دہلی کی ٹکسالی زبان بھی کس مپرسی کی حالت میں پڑی ہوئی ہے۔ ہمارے حوصلے پست ہو گئے ہیں اور باہر والے ہم کو ایک اجڑی ہوئی محفل سمجھتے ہیں۔

یہاں ہم یہ واضح کر دینا چاہتے ہیں کہ اس زبان میں دہلی کا کوئی قصور نہیں بلکہ یہ اہل دہلی کی انتہائی بدمذاقی ہے کہ وہ اس قدر بے التفاتی برت رہے ہیں۔ دہلی اب بھی وہی بائیس خواجاؤں کی چوکھٹ ہے جو پہلے تھی اور یہ ان ہی بزرگان دین کی برکت ہے جو یہاں کی خاک میں آسودہ ہیں کہ آج باوجود ہماری کم توجہی اور بے اعتنائی کے دہلی کی فصاحت و بلاغت و عظمت زبان کا نام اب بھی زبان زدِ خلائق ہے اور ایک عالم مین دہلی کی ٹکسالی زبان کا سکہ جاری ہے،

ثبت است بر جریدۂ عالم دوامِ ما

اور جب کوئی مسئلہ زبان دریافت کرنا ہوتا ہے تو دہلی یا لکھنؤ کے اساتذہ سے رجوع کیا جاتا ہے۔ ہمیں آج بھی وہی فخر حاصل ہے جو کہ نصف صدی پیشتر تھا یعنی،

اردو ہے جس کا نام ہمیں جانتے ہیں داغؔ

ہندوستان میں دھوم ہماری زباں کی ہے

قاعدہ ہے کہ ہر چیز کی ترقی کے لیے ایک تو جدوجہد ضروری ہے اور دوسرے اس کی قدر دانی۔ ہمارے ہاں زبان کی جدوجہد کچھ رہی سہی باقی بھی ہے مگر قدر دانی

بالکل ہی مفقود ہے۔ پنجاب نے زبان اردو کی ترقی کے لئے جدوجہد بھی کی اور قدردانی بھی۔ ہم دیکھتے ہیں کہ آج ترقی اردو کا سہرا پنجاب ہی کے سر ہے۔ دکن میں قدر دانی پہلے ہوئی اور جدوجہد بعد میں۔ ہند کے مشہور اہل قلم کی قدر دانی دکن ہی میں ہوئی اور چونکہ علم دوست اصحاب کی قدر دانی و پرورش اب بھی وہاں ہوتی ہے، اس لئے اچھے لکھنے والوں کی بڑی تعداد دکن میں ہے۔ اردو کا چرچہ دکن میں سب سے زیادہ ہے، اس لئے وہاں کا ہر شخص مذاق صحیح رکھتا ہے،

ہر کجا چشمۂ بود شیریں :: مردم و ملخ و مور گرد آئند

بہ لحاظِ خدمت و ترقی اردو لکھنؤ دہلی سے بڑھا ہوا ہے اور لکھنؤ کو بڑھا ہوا رہنا بھی چاہئے تھا کیونکہ لکھنؤ کے اہل قلم میں ایک بڑی تعداد ان لوگوں کی ہے جن کے آباؤ اجداد دہلی کے تھے اور دہلی کے اجڑنے پر لکھنؤ چلے گئے تھے۔ دہلی کے پیچھے رہ جانے کی ایک وجہ یہ بھی ہے کہ یہاں اچھے لکھنے والے کچھ دکن چلے گئے اور کچھ لکھنؤ۔ کیونکہ انہی دو مقاموں میں ان کی پرورش ہوئی اور دہلی ان کے چلے جانے سے تقریباً خالی رہ گئی۔ باوجود اس قدر ادبی نقصان کے خدا کا شکر ہے کہ دہلی اب بھی اردو کا مرکز ہے اور بہ آواز بلند کہتی ہے،

نسیم دہلوی ہم مخزنِ بابِ فصاحت ہیں
کوئی اردو کو کیا سمجھے کہ جیسا ہم سمجھتے ہیں

کسی زبان کو ترقی دینے کے لیے رسالوں کا جاری کرنا بھی ایک عمدہ طریقہ ہے۔ اس میں جہاں جدوجہد ضروری ہے، وہاں قدر دانی بھی لازمی ہے۔ ملک کے گوشہ گوشہ سے جرائد و رسائل جاری ہیں۔ نیویارک کی آبادی کے بارے میں کہا

جاتا ہے کہ ہر منٹ ایک بچہ پیدا ہوتا ہے اور ہر منٹ ایک موت ہوتی ہے۔ کم و بیش یہی ہمارے کے رسالوں اور اخباروں کے بارے میں بھی کہا جا سکتا ہے کہ ہر روز ایک اخبار یا رسالہ جاری ہوتا ہے اور ہر روز ایک بند ہو جاتا ہے۔

کسی اخبار یا رسالہ کا جاری رہنا یا بند ہو جانا اس کے حسن و قبح پر موقوف ہے۔ یہاں "حسن و قبح" کی تصریح و تشریح کر دینی مناسب ہے۔ حسن وہ جو کہ اردو بولنے والے افراد کے بڑے حصے کی نظروں میں حسن ہے۔ قبح بھی علیٰ ہذا القیاس۔ یہ ہماری بد قسمتی ہے کہ ہمارے ہاں کے ادبی مذاق کا معیار اس قدر گرا ہوا ہے کہ ہمارے دیکھتے ہی دیکھتے العصر، ادیب، نقاد جیسے پایہ کے پرچے صفحۂ ہستی سے حرف غلط کی طرح مٹ گئے اور جو بقید حیات ہیں ان کی قلیل اشاعت کا رونا سنتے سنتے ہمارے کان پک گئے۔

پرانے رسالوں کی بے قدری میں نیا رسالہ نکالنا عالم صحافت کی ترقی کے عجیب سامانوں میں ہے۔ برے پرچے ہی اچھے پرچے کے محرک ہوتے ہیں اور جب اچھا پرچہ نکل آتا ہے تو برے پرچے داغِ مفارقت دے جاتے ہیں۔ اس کی مثال یوں سمجھئے کہ چاند کے چڑھتے ہی ستارے ماند پڑ جاتے ہیں۔ اس کشمکش باہمی میں میدان اسی کے ہاتھ رہتا ہے جو کہ ہر طرح اس کے لائق ہوتا ہے یا یوں کہیے کہ جو مذاق عامہ کے موافق ہوتا ہے وہی بازی لے جاتا ہے۔

دہلی کے کئی رسالے جاری ہیں، جن میں اچھے بھی ہیں اور برے بھی۔ ان کی میں مزید وضاحت کرنا نہیں چاہتا کیونکہ علم دوست اصحاب سے یہ حقیقت پوشیدہ نہیں ہے کہ ان میں سے کون سا اچھا ہے اور کون سا برا۔ ہاں اتنا ضرور کہیں گے کہ

یہاں کا اچھا اور پنجاب کا یا لکھنؤ کا اوسط درجہ کا پرچہ برابر ہے اور اسی سے ہماری بے التفاتی کا اندازہ لگایا جا سکتا ہے۔ دہلی کی اس بدمذاقی اور اس شدید کمی کو پورا کرنے کے لیے ضروری ہوا کہ ایک علمی و ادبی رسالہ مناسب حالات و ضروریاتِ وقت کے نکالا جائے، جو اگر باہر کے پرچوں سے بیس نہیں تو انیس بھی نہیں رہے اور دہلی کے ان اچھے لکھنے والوں کے مضامین اس میں شائع ہوں جو کہ ایک اچھا ذریعہ نہ ہونے کی وجہ سے خاموش ہیں۔ چنانچہ ساقی کو اس خدمت کی انجام دہی کے لیے پیش کیا جاتا ہے کہ مے گساران سخن کی کیف اندوزی کے لیے نظم و نثر کے جرعہ ہائے لطیف فراہم کرتا رہے۔

ایں نامہ کہ بود نطع ایں فرش
من می برمش بہ کنگرۂ عرش
ایں لعل کہ داشت پائے در گل
من می نہمش بہ کرسی دل
ایں جرعہ کہ ریختند بر خاک
من می کشمش بجام افلاک

ہم اپنی بے بضاعتی کے باوجود اپنی ناچیز علمیت کے موافق زبان اردو کی خدمت کرنے کے لیے کمربستہ ہیں۔ ہمارا نصب العین یہ ہے کہ ساقی ایک ایسا جامع ہو کہ ہر شخص اس کے مطالعہ سے محظوظ ہو۔

کلیہ ہے کہ کمال کا حال ایک ہی دفعہ معلوم نہیں ہو سکتا۔ اس پرچہ میں بھی ہماری مرضی کے موافق ساری خوبیاں جمع نہ ہو سکیں۔ اچھے لکھنے والے اس بات

کے منتظر ہیں کہ پہلے پرچے کو دیکھ لیں تب لکھیں۔ ہمیں بھی منظور ہوا کہ پرچہ کا معیار دیکھ کر لکھیں۔ غرض پہلے پرچہ میں یہ ضد نہیں کی گئی کہ ساری خوبیاں ختم کر دی جائیں۔ اس لیے ہم چاہتے ہیں کہ ساقی کے میکش اس کی پہلی کوشش سے اس کے غایت اہتمام کا قیاس نہ کرلیں۔ اس کی خوبیاں آئندہ معلوم ہوتی جائیں گی۔ اس وقت مشتے از خروارے آپ کے روبرو ہے۔ ہماری طرف سے تو یہ اقرار ہے کہ جس قدر اس پرچہ کی قدر کی جائے گی، اسی قدر اس کی خوبیاں بڑھتی جائیں گی۔ اب انتظار ہے تو آپ کے اظہار کرم کا۔

از جوش و خرد خود چہ گویم
ایں بادہ توئی و من سبویم

اب جو لوگ اپنی زبان کا حق سمجھتے ہیں، ساقی کی ترقی سے غافل نہ رہیں۔ تمام ضروری کاموں پر اس کی ترقی کو مقدم سمجھیں، کیونکہ ساقی کی ترقی زبانِ اردو کی ترقی ہے اور زبان اردو کی ترقی آپ پر فرض ہے۔

"ساقی" میں صرف وہی مضامین درج کیے جائیں گے جو کہ معیار ادب پر پورے اتریں گے، اس لیے اگر کسی صاحب کا مضمون شائع نہ ہو سکے تو اس سے وہ پست ہمت نہ ہوں بلکہ کوشش کریں کہ آئندہ اس سے بہتر مضمون لکھیں۔ اس کی مثال ایسی ہے جیسے کہ ایک طالب علم امتحان میں ناکامیاب رہتا ہے اور امتحان میں کامیابی حاصل کرنے کے لیے دوبارہ محنت کرتا ہے اور چونکہ وہ زیادہ محنت کرتا ہے اس لیے کامیاب ہو جاتا ہے۔

***

ساقی کا دوسرا اداریہ (۱۹۴۸ء)

(کراچی سے شائع ہونے والے ساقی کا پہلا اداریہ)

الحمدللہ کہ ساقی کی صورت دوبارہ دکھائی دی،

گو میں رہا رہینِ ستم ہائے روزگار
لیکن تیرے خیال سے غافل نہیں رہا

پورے ایک سال بعد ساقی کے چھپنے کا موقع آیا۔ اس تمام عرصے میں ساقی جاری کرنے کی کوشش کی گئی لیکن نامساعد واقعات نے ہمیشہ مایوس کیا۔ دلی کے چھٹنے اور اثاث البیت کے لٹنے نے دل و دماغ ماؤف کر دیا تھا لیکن وقت کے ساتھ تعطل و جمود رفع ہوا۔ اپنی بربادی پر صبر آ گیا۔ ہمت مردانہ نے دور سے آواز دی،

آفتابِ تازہ پیدا بطن گیتی سے ہوا
آسماں ٹوٹے ہوئے تاروں کا ماتم کب تلک؟

اور جرأتِ رندانہ نے بیدار ہو کر ایک بار پھر دنیائے عمل میں لا کھڑا کیا۔ چاروں طرف تباہی و بربادی کا اندھیرا پھیلا ہوا تھا، لیکن امید کی ننھی سی کرن جگمگا رہی تھی اور سرگرم عمل ہونے کا اشارہ کر رہی تھی۔ گزشتہ زندگی ایک حسین خواب بن چکی تھی۔ اب نہ جائداد تھی، نہ کاروبار تھا اور نہ بینک کا روپیہ تھا۔ آمدنی

کے سارے ذرائع مسدود ہو چکے تھے۔ احباب مدد فرمانا چاہتے تھے لیکن مجھے تو دولت پاکستان سے اپنی روزی آپ پیدا کرنی تھی۔ جس نے ہزاروں جھمیلوں میں سے نکال کر مجھے لاہور پہنچایا تھا، وہی آئندہ بھی میرا کفیل ہو گا اور بہ فضلہ مجھے ہر طرح کی آسائش مل گئی۔ کچھ نہ ہوتے ہوئے بھی سب کچھ مل گیا۔ پاکستان مل گیا تو سب کچھ مل گیا۔

نفسا نفسی کے عالم میں کسی سے بے مروتی کی شکایت بے جا ہے، تاہم ان دوستوں کی محبت ساری عمر یاد رہے گی جنھوں نے ڈھارس بندھائی۔ ان میں سب سے پیش پیش ایم اسلم ہیں جن کے خلوص نے میرے سارے غم دھو دیے۔ میں نے لاہور کو اپنا وطن ثانی بنایا تھا لیکن چند ناگزیر وجوہ کی بنا پر مجھے کراچی منتقل ہونا پڑا اور یہیں سے ساقی جاری ہو رہا ہے۔ لاہور سے میرا تعلق منقطع نہیں ہوا ہے بلکہ میرا بیشتر وقت لاہور میں گزرتا ہے۔ لاہور سے کوئی کیسے جدا ہو سکتا ہے؟ میرے عسکری صاحب بھی لاہور ہی میں ہیں اور ساقی مرتب کرنے میں کوشاں رہتے ہیں۔ اگر ان کی اعانت مجھے حاصل نہ ہوتی تو ساقی اب بھی چھپنے نہ پاتا۔ یہ پہلا پرچہ عجلت میں تیار کیا گیا ہے تاہم اپنے سابقہ معیار سے ساقط نہیں سمجھا جا سکتا۔ امید ہے کہ آئندہ شمارے بہتر سے بہتر ہوتے جائیں گے۔

مشہور پریس کراچی کے مالک حکیم محمد تقی صاحب نے طباعت کا ذمہ لے کر حق دوستی اور حق وطن ادا کیا۔ اگر ہر قدم پر تائید ایزدگی شامل حال نہ ہوتی تو ساقی کا خدا جانے کب تک انتظار رہتا۔

ساقی جنوری ۱۹۳۰ء میں جاری ہوا تھا تو مشکلات پیش آئی تھیں، ان سے کچھ

زیادہ ہی اس وقت پیش آ رہی ہیں۔ ہمارے پاس سوائے جذبہ خدمت کے، اب اور کچھ نہیں ہے۔ اس لیے ساقی کو زندہ رکھنا آپ کا کام ہے۔ پچھلا سارا اندوختہ ہجرت عظیم کی بھینٹ چڑھ گیا۔ ساقی کے اس نئے دورِ حیات کو اس طرح قائم رکھ سکتے ہیں کہ زیادہ سے زیادہ ساقی کی اشاعت ہو۔ خود خریدیں اور دوسروں کو بھی خریداری پر مائل کریں۔ اس کی آمدنی پر نہ تو پہلے میرا دارومدار تھا اور نہ اب انحصار ہے۔ اس کی آمدنی اسی کی بہتری پر خرچ ہوتی ہے۔ گزشتہ انیس برس میں ساقی نے جو کچھ پیش کیا ہے، سب آپ کے سامنے ہے۔ اب آپ خود اندازہ کیجئے کہ ساقی آئندہ کیا ہو گا۔ قدر دانی شامل حال رہی تو انشاء اللہ پچھلے دور سے بھی بڑھ چڑھ کر شائع ہو گا۔ ہم اس فرض میں کوتاہی نہیں کریں گے۔ آپ اپنی ذمہ داری نبھائیں گے۔ امید ہے کہ سب کام سدھ ہو جائیں گے۔

***

قطب صاحب کی سیر

عجب بے فکرے تھے یہ دلی والے بھی۔ اپنی جان کو کوئی غم نہ لگاتے تھے۔ کہتے تھے، "فکر جان کا روگ ہوتا ہے۔ ہم غم کیوں پالیں؟ پالیں ہمارے دشمن، بیری۔ شکر خورے کو شکر اور موذی کو ٹکر۔ میاں اسی لئے تو کماتے دھماتے ہیں کہ آنند کے تار بجائیں۔ ان کی بھلی چلائی جو جوڑ جوڑ مر جائیں گے اور مال جنوائی کھائیں گے۔ آج مرے کل دوسرا دن۔ مر گئے مردود جن کی فاتحہ نہ درود۔ جو صبح صبح ان کی صورت دیکھ لو تو دن بھر روٹی نصیب نہ ہو۔ اللہ پیسہ دے، پیسے کی محبت نہ دے۔ ہاتھ کے میل سے محبت کیا؟ میاں ہم تو کوڑی کفن کو لگا نہیں رکھتے۔ اپنا آپا کیسا ہے؟ جان ہے تو جہان ہے۔ آپ زندم جہان زندم، آپ مردم جہان مردم، کھائیں گے گھی سے نہیں تو جائیں گے جی سے۔"

ان دلی والوں نے ابی قورس کا نام کاہے کو سنا ہو گا؟ انہیں فلسفیوں سے کیا کام؟ یہ تو سیدھی سی بات جانتے ہیں کے کھاؤ پیو اور موج مارو۔ موت سر پر کھڑی ہے۔ جو دم گزر جائے غنیمت ہے۔ آج نقد کل ادھار۔ کل کی کل دیکھی جائے گی۔

اَب تو آرام سے گزرتی ہے
عاقبت کی خبر خدا جانے

ہاں تو ہوا یہ کہ مینہ کا پہلا چھینٹا پڑنے کے بعد گرمی ڈھل گئی اور موسم سہانا ہو گیا۔ کیا امیر کیا غریب، سب کے دل ہرے ہو گئے۔ ایسے سمے میں بھلا پاؤں توڑے گھروں میں دلی والے کیسے بیٹھے رہتے؟ اسی دن کی تو آس لگائے بیٹھے تھے۔ گھر گھر سیر کا چرچا ہونے لگا۔

آغا نواب نے شام ہوتے گھر میں قدم رکھا۔ دالان میں جا کر انگرکھا اتارا۔ اتنے وہ کپڑے بدلیں، بیگم نے صحن میں بچھی ہوئی چوکیوں پر بی مغلانی سے کہہ کر دری چاندنی کا فرش لگوا دیا۔ خود لپک کر مکھانوں کے ستو اور گڑ ھل کے شربت کا اہتمام کیا۔ ایک جھم جھماتے کٹورے میں ستو گھولے، دوسرے میں شربت بنایا۔ ان میں برف کچل کر ڈالی اور چاندی کی تھالی میں دونوں کٹورے لگا کر آغا نواب کے لئے سوزنی پر لگا دیے۔ پھر بوا مغلانی کو آواز دی، "بوا مجھے پٹاری دے جانا۔"

آغا نواب گاؤ تکئے کے سہارے ہو بیٹھے تو بیگم پاس بیٹھ کر پنکھا جھلنے لگیں۔ آغا نواب نے کہا، "میں نے مختار کار صاحب سے کہہ دیا ہے کہ قطب صاحب میں ہمارے لئے بالا خانے کا انتظام کر دیں۔ پھول والوں کی سیر کی تاریخ بھی مقرر ہو چکی ہے۔" بیگم نے خوش ہو کر پوچھا، "تو خیر سے کب چلنا ہو گا؟" آغا نواب نے کہا، "کل منہ اندھیرے۔" بیگم نے چونک کر کہا، "کل؟ آپ بھی ہتھیلی پر سرسوں جماتے ہیں۔ بھلا اتنے جلدی سب کام ہو جائیں گے؟" آغا نواب بولے، "کار خیر میں دیر کیسی؟ مختار کار نے آدمی مہرولی روانہ کر دیا ہے۔ ابھی تو پوری رات پڑی ہے۔"

بیگم نے کہا، "ہاں رات تو پڑی ہے پوری مگر کام بھی تو سمیٹنے ہیں۔ یہ تو نہیں

ہے کہ منہ اٹھایا اور چل دیے۔ ماشاء اللہ بھرا پرا گھر ہے۔ پھر پاس پڑوس کے بھی دو چار گھر ہیں۔ یہ غریب بھی ہمارا آسرا تکتے ہیں۔" آغا نواب بولے، "ہاں ہاں، انہیں ضرور ساتھ لے لینا۔ ان سے بڑی رونق ہوتی ہے۔ انہیں یہ ضرور بتا دینا کہ صبح گجر دم پالکی گاڑیاں اور بھار کس پھاٹک پر لگ جائیں گے۔ سورج نکلنے سے پہلے گھروں سے روانہ ہو جانا ہے۔"

بیگم کی باچھیں کھلی جا رہی تھیں۔ گھر کی چار دیواری میں گھٹے گھٹے دم بولا گیا تھا۔ بولیں، "تو میں بچیوں سے کہہ دوں صبح بیدار ہونا ہے۔ ویسے نماز کے لئے تو روزانہ ہی اٹھتی ہیں، قدرے پہلے جاگ جائیں۔ صبح کے ناشتے کا بھی انتظام کروں اور ضروری برتن بھانڈا ایک بوری میں بھروا دوں۔ صندوقوں میں سے فرش بھی نکلواؤں۔ ہمسائیوں کو اطلاع کراؤں کہ وہ بھی چلنے کے لئے تیار ہو جائیں۔"

آغا نواب نے کہا، "تمہیں اختیار ہے جسے چاہو نیوتا دو۔" بیگم نے سب سے پہلے بڑی بیگم کو اطلاع دی۔ وہی اس خاندان کی بڑی بوڑھی ہیں۔ ان کے مشورے کے بغیر کوئی کام نہیں ہوتا۔ بڑی بیگم نے کہا، "اس وقت تو کوئی اور ہی دعا مانگتی، قبولیت کی گھڑی تھی۔ میرے دل میں قطب صاحب کا خیال آیا ہی تھا کہ تم نے خیر سے یہ خبر سنائی۔ لوبی، بسم اللہ کرو۔ سودا سلف منگاؤ۔ ماشاء اللہ پورا محلہ ہی ساتھ جائے گا۔ نواب دولہا تو کہیں اکیلے جانے کے قائل ہی نہیں۔ جاؤ تم اپنے کام دیکھو۔"

سیر کی خبر سنتے ہی بچیوں میں کھلبلی مچ گئی۔ سب کو اپنے اپنے کپڑوں اور جوڑوں کی فکر ہوئی۔ بڑی ننھی بولی، "نانی اماں، ہمارے پاس تو دھانی دوپٹہ کوئی نہیں

ہے۔" نانی اماں نے کہا، "بیٹی تم اپنے دھلے ہوئے کپڑے ساتھ رکھ لو۔ قطب صاحب میں ایک سے ایک اچھا رنگریز موجود ہے۔" چھوٹی ننھی نے تنک کر کہا، "جنگل میں دھرا ہے رنگریز۔" نانی اماں بولیں، "اے بیٹی ہوش کے ناخن لے۔ کیسا جنگل؟ رت بدلتے ہی جنگل میں منگل ہو گیا ہو گا۔ تم دیکھنا تو سہی وہاں کیسی بہار آ رہی ہو گی۔ آدھی دلی وہاں ڈُھل چکی ہو گی۔"

صبح جانے کی خوشی میں بھلا نیند کسے آتی؟ رات آنکھوں ہی آنکھوں میں کٹ گئی۔ یہ برکھارت بڑی اللہ آمین کی تھی۔ سارے شہر میں ایک ہلچل مچی ہوئی تھی، جس کو دیکھو سیر کے لئے پر تول رہا ہے۔ کوئی سبزی منڈی کے باغوں میں جائے گا، کوئی کوٹلہ پرانے قلعہ، مدرسہ، ہمایوں کے مقبرے یا اس سے آگے حوض خاص۔ مگر قطب صاحب کی بات ہی کچھ اور ہے۔ حضرت بختیار کاکیؒ کی برکت کہو کہ دلی والے سات کوس کھنچے چلے جاتے ہیں اور وہاں تہوار کا سرا بھی تو ہے۔ تین دن بعد پھول والوں کی سیر ہے۔ یوں اور بھی خلقت ٹوٹی پڑتی ہے۔

یوں تو دلی سے قطب صاحب موٹریں اور بسیں چلتی ہیں مگر دلی کے سیلانی جیوڑے گیارہ میل کے راستے کا بھی لطف اٹھاتے ہیں، اس لئے تانگوں، اونٹ، گاڑیوں، بیل گاڑیوں اور ٹھیلوں میں جانا زیادہ پسند کرتے ہیں۔ جگہ جگہ ٹھیکیاں لیتے کچھ راستہ سواری میں اور کچھ پیدل طے کرتے ہیں۔ غریب غربا پیدل جاتے ہیں۔ سچ تو یہ ہے کہ یہی لوگ سیر کا اصل لطف اٹھاتے ہیں۔ مٹکے میں ایک دو جوڑے رکھے اور مٹکا سر پر اوندھا لیا اور چل پڑے۔ یہ مٹکا صندوق کا کام بھی دیتا ہے اور چھتری کا بھی۔ خراماں خراماں شور مچاتے چلے جاتے ہیں۔ جہاں چاہتے ہیں

چھاؤنی چھالیتے ہیں۔ کھاتے ہیں، پیتے ہیں، کھیلتے ہیں، دوڑ لگاتے ہیں اور ہنستے کھیلتے اجالے اجالے قطب صاحب پہنچ جاتے ہیں۔ یہاں بیسیوں ٹوٹی پھوٹی عمارتیں ہیں۔ کسی کھنڈر میں ڈیرا جما لیتے ہیں۔

فجر کی اذان کے وقت سے گلی گلی ڈیوڑھیوں اور چوراہوں پر سواریاں لگ گئیں۔ گٹھریاں، بوغبند، برتنوں کی بوریاں بھارکسوں میں لادی گئیں۔ آغا نواب نے عورتوں کے لئے پالکی گاڑیوں کا انتظام کیا ہے۔ ان کی لین ڈوری لگ رہی ہے۔ ان میں محلے بھر کی عورتیں اور بچے ایسے ٹھنس کر بیٹھے کہ ہلنا تک محال ہو گیا۔ جہاں چار مردوں کا بیٹھنا مشکل ہوتا ہے، وہاں آٹھ عورتیں آرام سے بیٹھ جاتی ہیں۔ آغا نواب ہنس کر کہا کرتے تھے کہ عورتیں ربڑ کی بنی ہوئی ہوتی ہیں۔

گاڑیاں بھر بھر کے روانہ ہوتی رہیں۔ دلی دروازے سے باہر نکلے۔ خونی دروازے سے آگے فیروز شاہ کا کوٹلہ آ گیا۔ جنھیں قطب صاحب پہونچنے کی جلدی نہیں ہے، کوٹلے میں رک گئے۔ یہاں بھی چھوٹا سا میلہ لگا ہوا ہے۔ حلوائی کی دکان پر گرما گرم کچوریاں جھپا جھپ اتر رہی ہیں۔ حلوہ مانڈا بھی موجود ہے۔ ایک ایک پیسے یہ یہ بڑی کچوری لے لو۔ آلو کی ترکاری ہے جس میں گاجر اور آم کے اچار کی ایک ایک پھانک بھی ہے۔ چار پیسے کی بیوڑیوں میں پیٹ بھر کے ناشتہ کیا۔ دکاندار نے بیوڑیوں پر حلوے کی لگدی بھی رکھ دی تھی۔ اس سے منہ میٹھا کیا۔ پھر منہ صاف کرنے کے لئے ایک پیسے میں دو دیسی پانوں کا بیڑا بنوایا، کلہ تازہ کیا، اوپر چڑھ کر اشوک کی لاٹ دیکھی اور آگے روانہ ہو گئے۔

ببر کے تکئے سے ہوتے ہوئے پرانے قلعے پہونچے۔ شیر منڈل پر چڑھے۔ کسی

نے بتایا کہ اسی پر سے ہمایوں بادشاہ کا پیر پھسلا تھا اور ایسا پھسلا کہ بادشاہ کو اپنی جان سے ہاتھ دھونے پڑے۔ مسجد میں سے جمنا کی سیر کی۔ کچھ لوگ قلعہ کے پہلو میں ہنڈیوں والے مزار کے ٹیلے پر چڑھے۔ خبر نہیں یہ کس زمانے کے بزرگ ہیں۔ لوگ منتیں مانتے ہیں اور جب مرادیں پوری ہو جاتی ہیں تو ایک مٹکے یا ہنڈیا میں شربت بھر کے مزار پر چڑھاتے ہیں۔ سیکڑوں ہزاروں ہنڈے اور ہانڈیاں یہاں اوندھی ہوئی دیکھ لو۔ ان پر اللہ کے بندے سفیدی بھی کر دیا کرتے تھے۔ دور سے ایسا لگتا تھا جیسے اس ٹیلے پر ککرمتّا کا جنگل کھڑا ہے۔ ۱۹۴۷ء میں جب دلی میں کٹا مری پھیلی اور دلی کے مسلمان گھروں سے نکل کر ان کھنڈروں میں آن پڑے تو پرانے قلعے میں ایک لاکھ نگھرے مسلمان تھے۔ ہم بھی ان ہی میں تھے۔ ہم نے یہ دیکھا کہ جب پانی بھرنے کے لئے برتنوں کی ضرورت پیش آئی تو انہی بزرگ کے مزار کے ہزاروں مٹکے ان مہاجروں کے کام آئے۔ خیر، یہ ایک الگ قصہ ہے۔ پھر کبھی آپ کو سنائیں گے۔

سیلانی دوپہر سے پہلے سلطان جی جا پہنچے۔ دلی والے حضرت خواجہ نظام الدین اولیاء کا نام لینا بے ادبی سمجھتے ہیں، اس لئے انہیں سلطان جی کہتے ہیں۔ درگاہ میں داخل ہوئے۔ پہلے سلطان جی کے محبوب مرید حضرت امیر خسرو کے مزار پر فاتحہ پڑھی، پھر سلطان جی کے مزار پر حاضری دی۔ پہلو ہی میں مسجد ہے۔ اس میں جا کر گنبد میں لٹکے ہوئے سونے کے کٹورے کو دیکھا۔ کہتے ہیں کہ کسی زمانے میں یہ نیچا تھا۔ کسی بدفطرت نے اسے چرانا چاہا تو اوپر کھنچ گیا۔ درگاہ سے نکل کر ہمایوں کے مقبرے کا رخ کیا۔ یہاں بھی سیلانی اترے ہوئے ہیں۔ پتنگ بازوں کے ہاتھ لگ

رہے ہیں۔ مقبرے کا چکر لگایا اور صفدر جنگ کے مقبرے جا پہونچے۔ یہ مقبرہ مدرسہ کہلاتا ہے۔ ساون بھادوں میں کچھ دیر آرام کیا۔ قطب صاحب میں جب چھڑیاں ہوتی ہیں تو دلی والے مدرسے میں ضرور ٹھہرتے ہوئے جاتے ہیں۔ دلی کی بعض برادریوں میں عورتوں کا ایک گانا گایا جاتا ہے۔

چاہے سیاں مارو میں چھڑیوں میں جاؤں گی
اندرسے کی گولیاں مندرسے میں کھاؤں گی

مدرسے میں سستا کر سیلانی موسم لطف اٹھاتے، چہلیں کرتے حوض خاص جا پہنچے۔ یہ بڑے سکون کی جگہ ہے۔ تھوڑی دیر یہاں ٹھہرے، پھر قطب صاحب روانہ ہوئے۔ شام ہونے سے پہلے مہرولی پہنچ لئے۔ جن لوگوں نے کمرے یا بالا خانے کرائے پر نہیں لئے ہیں، وہ جنگلی محل، ظفر محل، مرزا بابر کی کوٹھی اور بیسیوں پرانی عمارتوں میں جا اترے اور اپنی تھگلی صاف کر قبضہ جما بیٹھے۔ کوئی روک ٹوک نہیں، جس کا جہاں جی چاہے رہے۔ شام ہو رہی ہے، اس لئے سب اپنے اپنے ٹھکانوں پر پہنچ کر سب سے پہلے کھانے کا انتظام کر رہے ہیں۔

مہرولی کا بازار سجا ہوا ہے۔ ہر چیز یہاں افراط سے ملتی ہے۔ تندور گرم ہیں، نان بائی حکم کے منتظر ہیں۔ اپنا گھی اور روا میدہ لائیے اور اپنے سامنے پراٹھے لگوائیے۔ چنگیر میں ترتراتے پراٹھے رکھے، آم کا اچار سامنے کی دکان سے خریدا۔ آبخورے میں دودھ والے سے ربڑی لی۔ کان میں چرخی کے پنکھے کی آواز آئی، ادھر کا رخ کیا۔ کبابی سیخیں بھر بھر کے رکھتا جاتا ہے۔ جو سیخیں سنک گئی ہیں پانی کا ہاتھ لگا کر انھیں ڈھاک کے دونوں میں اتارتا جاتا ہے۔ اس سے حسب ضرورت گولے کے کباب

خریدے۔ دو شاخہ جلائے آموں کا ڈھیر ٹھیلے پر رکھے پھیری والا آواز لگاتا سامنے سے گزرتا ہے، "کیرانے کا لڈو ہے۔" ایک پنسیری آم اس سے خریدے اور لدے پھندے اپنے ٹھکانے پر لوٹے۔ سب نے مل کر کھانا کھایا اور پھر جو پڑ کر سستائے تو صبح کی خبر لائے۔

صبح ہوئی، منہ ہاتھ دھویا، ناشتہ کیا۔ بازار میں ہمہ نعمت موجود ہے۔ سب کو سیر کی سوجھی۔ پہلے جہاز پر گئے۔ شمسی تالاب کٹورے کی طرح پڑا چھلک رہا ہے۔ پانی بہت گہرا ہے۔ اس میں صرف تیراک ہی اتر سکتے ہیں۔ وہاں سے اولیاء مسجد پہونچے، نفل پڑھے۔ یہاں سے جھرنے گئے۔ سہ درے والان کی چھت میں سے پانی اس طرح گر رہا ہے جیسے بارش ہو رہی ہو۔ پرنالوں کا پانی چھجے پر سے چادریں بن کر گر رہا ہے۔ حوض میں بچے، جوان، بوڑھے، سبھی نہا رہے ہیں اور سہ درے کی چھت پر سے پانی ان پر گر رہا ہے۔ پھسلنا پتھر جھرنے کی دیوار میں گڑا ہوا ہے۔ اب ٹوٹ چکا ہے۔ اس پر سے پھسلنے میں بڑا مزہ آتا تھا۔ مرد عورت سب اس پر سے پھسلا کرتے تھے اور خوب ہنسی ہوتی تھی۔

اس سے آگے امریّاں ہیں۔ بڑے بڑے تناور آم کے درخت اس طرح سر جوڑے کھڑے ہیں کہ دھوپ کا گزر نہیں ہوتا۔ بیسیوں جھولے ان میں پڑے ہیں۔ چپے چپے پر سیلانی بیٹھے ہیں۔ انگیٹھیاں دہک رہی ہیں۔ کڑھائیاں چڑھی ہوئی ہیں۔ گلگلے، سہال، اندرسے کی گولیاں، پھلکیاں اور پتے تلے جا رہے ہیں۔ جھولوں میں مرد کھڑے پینگیں بڑھا رہے ہیں۔ بعض جھولوں میں پٹریوں کے نیچے دس دس پندرہ پندرہ سیر کے پتھر بندھے ہوئے ہیں۔ یہ اس لئے کہ جب جھولے کی پینگ

خوب بڑھ جائے تو جھولا الٹنے نہ پائے، جھولے کا لنگر قائم رہے۔ دوستوں میں شرطیں لگی ہوئی ہیں کہ پینگ اتنی اونچی جائے کہ سامنے والے درخت کا پتہ توڑ لیا جائے۔ خاصا جان جوکھوں کا کام ہے مگر جھولنے والے جھولتے ہیں اور شرط بھی جیتتے ہیں۔

امریوں میں دوسری طرف پورے پورے گھر اترے ہوئے ہیں۔ عورتوں کے لئے دہرے جھولے پڑے ہوئے ہیں۔ دوان میں بیٹھتی ہیں اور آمنے سامنے ہو کر جھولتی ہیں اور جھولنے والیاں اور جھلانے والیاں سب مل کر گا رہی ہیں،

چھا رہی کاری گھٹا جیا مورا لہرائے ہے
سن ری کوئل باوری تو کیوں ملہار گائے ہے
آ پپیہا آ ادھر، میں بھی سراپا درد ہوں
آم پہ کیوں جم رہا، میں بھی تو رنگ زرد ہوں
فرق اتنا ہے کہ اس میں رس ہے مجھ میں ہائے ہے
چھا رہی کاری گھٹا جیا مورا لہرائے ہے

اللہ کا کرنا کیا ہوا کہ اسی وقت ایک زور کا چھینٹا آیا۔ اونٹتے تیل میں جو پانی کی بوند پڑی تو تیل چٹخا اور "اوئی اوئی" کہتی سب دور دور ہو بیٹھیں۔ جلدی سے کڑھائی پر تسلا ڈھانکا۔ چلتا ہوا ابر تھا، ذرا دیر میں کھل گیا۔ گرم گرم پکوان اترنے لگا۔ سب نے سیر ہو کر کھایا اور جھول جھول کر اور گھوم پھر کر ہضم کیا۔ لڑکیوں نے آنکھ مچولی کھیلی۔ کسی بڑی بوڑھی کو دائی بنایا۔ چور کی آنکھیں میچی گئیں۔ جو لڑکی چور بنی تھی آنکھیں کھلنے پر اوروں کو تلاش کرنے لگی۔ ڈھونڈتے ڈھونڈتے اس نے ایک کو

تاک لیا اور اس کی طرف جھپٹی۔ اس نے چور کو اپنی طرف آتے دیکھ کر بھاگنا چاہا مگر چور لڑکی اس سے زیادہ تیز تھی۔ جب اس نے دیکھا کہ چور سے بچنا مشکل ہے تو چیخیں مارتی دائی کی طرف بھاگی۔ اتنے میں برابر اور لڑکیاں بھی قہقہے لگاتی، اپنی اپنی اوٹ سے نکل کر کدکڑے لگانے لگیں۔ چور لڑکی کبھی ایک کے پیچھے بھاگتی، کبھی دوسری کا پیچھا کرتی۔ اگر ایک ہی کے پیچھے لگی رہتی تو شاید اسے پکڑ لیتی۔ نتیجہ یہ ہوا کہ سب نے کاوے کاٹ کاٹ کر دائی کو چھو لیا اور یہ بیچاری دوبارہ چور بنی۔

کہیں اندھا بھینسا کھیلا جا رہا ہے۔ ایک لڑکی کی آنکھوں پر دوپٹہ باندھ دیا گیا ہے۔ باقی لڑکیاں چپکے چپکے آکر اسے ستاتی ہیں۔ وہ غریب اندھوں کی طرح ہاتھ پھیلائے ان کی آواز پر دوڑتی ہے مگر بھلا کون اس کے ہاتھ آتا ہے، سب خوب ہنستے ہنستے ہیں۔ کہیں کوڑا جمال شاہی کھیلا جا رہا ہے اور بھاگتے چور کے کوڑے لگائے جا رہے ہیں۔

آج کا پورا دن امریوں ہی میں گزرا۔ خوب دھما چوکڑی رہی۔ جو کچھ کھایا پیا تھا، سب ہضم ہو گیا۔ جب لوٹ کر اپنے ٹھکانے پر آئے تو وہاں سے خربوزے اپنے ساتھ لیتے آئے۔ دھول کوٹ، دو ہی مزے، پھیکا یا میٹھا۔ چار آنے کی پنسیری۔ ٹانکیاں لگا لگا کر میٹھے میٹھے کھائے، پھیکے ایک طرف اچھال دیے۔ قطب کا پانی بڑا ہاضم ہے۔ ابھی کھاؤ ابھی پھر بھوک لگنے لگی۔ دلی والے جتنے دن یہاں رہتے ہیں، خوب ڈٹ کر کھاتے ہیں۔ سچ ہے، ایک داڑھ چلے، ستر بلا ٹلے۔ اچھا، اب انھیں یہیں چھوڑیے۔ دن بھر کے تھکے ہوئے ہیں، لمبی تانیں گے، چل کر آپ بھی آرام کیجیے۔

***

پھول والوں کی سیر

امریوں میں پورا دن گزار کر جب آغا نواب مہرولی میں اپنے بالا خانے پر پہونچے تو سب تھک کر چور ہو رہے تھے۔ بڑے تو خیر بیٹھے سیر دیکھا کئے مگر بچوں نے کچھ کم ادھم مچائی تھی؟ جب رات کا کھانا کھا کر لیٹے تو ایسے گھوڑے بیچ کر سوئے کہ بس صبح کی خبر لائے۔ قطب صاحب میں ابھی بہت سی چیزیں دیکھنی باقی تھیں۔ اس لئے سب نے منہ ہاتھ دھو پوریوں کچوریوں کا ناشتہ کیا۔ دودھ کا ایک ایک پیالہ سب کو ملا۔ یہاں کا دودھ ایسا عمدہ اور گاڑھا ہے کہ جی چاہے تو اس میں سیک کھڑی کر لو۔ بھلا شہر والوں کو یہ دودھ کہاں نصیب؟ ایک ہی جوش میں اس پر یہ موٹی ملائی آجاتی ہے۔ ناشتے سے فارغ ہو کر سب سیر کو نکل گئے۔ یہاں سواری کا نہیں پیدل پھرنے کا مزہ ہے۔ یہاں اکے دکے تانگے، پالکی گاڑیاں سب موجود۔ اگر کہیں دور جانا ہو تو چند ٹکوں میں دم کے دم پہونچا دیتے ہیں۔

امریوں میں صبح ہی سے آج رونق ہے۔ مور جھنگار رہے ہیں۔ پپیہا پی کہاں کی ٹیر سنا رہا ہے۔ کوئل کوک رہی ہے۔ دیگیں دندنا رہی ہیں۔ پتیلیاں ٹھنٹھنا رہی ہیں، کڑھائیاں چڑھی ہوئی ہیں۔ ان میں تیل اونٹ رہا ہے۔ پکوان کی تیاری ہو رہی ہے۔ جھولے پڑے ہوئے ہیں، پتنگیں بڑھ رہی ہیں، آم کا پٹکا لگ رہا ہے، جامنیں ٹپاٹپ

گر رہی ہیں۔ بھمیری آوازوں میں بادشاہ کا گیت فضا میں گونج رہا ہے۔

جھولا کن نے ڈالو ہے آمریاں
باگ اندھیرے تال کنارے
مرلا جھنکارے، بادر کارے
برسن لاگیں بوندیں پھیاں پھیاں
جھولا کن نے ڈالو ہے آمریاں
دو سکھی جھولیں اور دو ہی جھلاویں
چاروں مل گئیاں بھول بھلیاں
بھولی بھولی ڈولیں شوق رنگ سیاں
جھولا کن نے ڈالو ہے امریاں

امریوں سے نکل کر گندھک کی باؤلی پہونچے، اس کا پانی ذرا سیاہی مائل ہے اور اس میں گندھک کی بو ہے۔ پھوڑے پھنسیوں والے اس میں نہاتے ہیں اور شفا پاتے ہیں۔ باؤلی میں کودنے والے لڑکے لنگر لنگوٹ کسے تیار کھڑے ہیں۔ انھیں روپیہ اٹھنی، چونی، حد یہ کہ چھوٹی دونی دکھا کر باؤلی میں پھینکئے، یہ اس کے ساتھ ہی چھلانگ لگائیں گے اور جب پانی میں سے ابھریں گے تو ان کے دانتوں میں آپ کا پھینکا ہوا سکہ ہوگا۔ یہ آپ کو سلام کر کے پھر باؤلی پر جا کھڑے ہوں گے کہ کوئی اور سیلانی آئے اور ان کا کرتب دیکھے۔

سیلانی ناظر کے باغ میں گئے۔ اس کے چاروں حوضوں کی سیر کی۔ بارہ دری میں لیٹے بیٹھے۔ یہیں دن کا کھانا کھایا، بازار دور نہیں ہے۔ ہمہ نعمت مل جاتی ہے مگر

جو مزہ روے میدے کے پراٹھوں اور گولے کے کبابوں میں ہے وہ اور کسی کھانے میں نہیں ہے۔ بیسیوں تندور گرم رہتے ہیں۔ برابر والی دکان سے روا میدہ اور گھی خریدیے اور نان بائی کے حوالے کیجئے۔ ایک کونے میں آٹا گوندھنے کا کونڈا گڑا ہوا ہے۔ اس پر ایک گبرو جوان ننگے بدن لنگوٹا پہنے کھڑا ہے۔ روا میدہ لے کر کونڈے میں ڈالتا ہے، حسب ضرورت پانی اور گھی ڈال کر مکیاں لگاتا ہے اور چشم زن میں گوندھ گاندھ نان بائی کے حوالے کرتا ہے۔

آٹا ٹھہر جاتا ہے تو نانبائی سیر کے پانچ یا سیر کے چھ پیڑے توڑتا ہے اور پتھر کی سل پر رکھتا جاتا ہے۔ پھر ایک ایک پیڑا اٹھاتا ہے اور خشکی لگا کر پیڑے کو پھیلاتا ہے۔ گھی لگا کر اسے بیچ میں سے نصف چاک کر دیتا ہے اور اسے لپیٹ کر لمبا سا سانپ بنا لیتا ہے۔ اس سانپ کا پھر پیڑا بناتا ہے۔ یہ اس لئے کرتا ہے کہ پراٹھے کہ کئی پرت بن جائیں اور اندر سے کچا نہ رہے۔ پراٹھا بڑھا کر رفیدے پر رکھتا ہے اور تندور کے کنارے پر بایاں ہاتھ رکھ کر دائیں ہاتھ سے جھک کر تندور میں پراٹھا لگا دیتا ہے۔ اتنے میں یہ تیار ہو، دوسرا پیڑا اٹھا لیتا ہے اور اس کے ساتھ بھی یہی عمل کرتا ہے۔ ادھر دوسرا پراٹھا تیار کر کے تندور میں لگایا، ادھر تندور میں دو کانٹیاں ڈال کر پہلا نکال لیا اور چنگیر میں ڈال دیا۔ دس منٹ میں دو سیر کے پراٹھے تیار کر کے آپ کے حوالے کر دیتا ہے۔ اگر آپ کے ساتھ بھنا ہوا قیمہ اور ہری مرچیں ہیں تو سبحان اللہ، ورنہ لگاون کے لئے آم کا اچار، سیخ کے کباب، دہی یا ربڑی سامنے سے خرید لیجئے اور اللہ عزیز کیجئے۔ سیلانی شام تک ناظر کے باغ میں رہے اور آس پاس کے کھنڈروں کی سیر کرتے رہے۔ شام کا جھٹ پٹا ہوا تو اپنے اپنے ٹھکانوں پر جا پہنچے۔

اگلے دن قطب صاحب کی لاٹ پر گئے۔ جوانوں نے شرط لگائی کہ ایک سانس میں پانچوں کھنڈ طے کر کے اوپر پہونچیں گے۔ جو دم دار ہوتے ہیں وہ بغیر رکے سیڑھیاں طے کرتے چلے جاتے ہیں، باقی پھسڈی کہلاتے ہیں۔ لاٹ پر فرّاٹے کی ہوا کھائی، چاروں طرف نظر دوڑائی۔ دلی کی عمارتوں کو جانچا اور اتر آئے۔ آس پاس کے کھنڈروں میں گھومے پھرے، بھیم کی چھٹنکی پر پتھر کو ہلایا، کڑوا نیم چکھا، واپسی میں بھول بھلیاں میں ٹھیکی لی۔ اس میں بھی سیلانی اترے ہوئے ہیں۔

تیسرے دن چہل تن چہل من پر پہنچے۔ ان کی چالیس قبریں کبھی پوری نہیں گنی جاتیں۔ تعداد یا تو گھٹ جاتی ہے یا بڑھ جاتی ہے۔ بکاؤلی کے قلعے، جمالی کمالی کے مزار اور اندھیرے باغ کی سیر کی۔ لیجئے تین دن میں ساری سیر ہو گئی۔

ساون کی جھڑی ختم ہوئی اور بھادوں کی پھوار شروع ہوئی۔ اسی قطب صاحب میں پھول والوں کی سیر کے نام سے ایک بڑا صاف ستھرا میلہ ہوتا تھا۔ حضرت خواجہ بختیار کاکیؒ کی درگاہ یہیں مہرولی میں ہے۔ اسی کی وجہ سے اس جگہ کا نام قطب صاحب پڑ گیا ہے۔ یہ ہمیشہ سے ایک صحت افزا مقام سمجھا جاتا ہے۔ اکبر شاہ ثانی اور بہادر شاہ ظفرؔ نے اسی وجہ سے یہاں اپنے محل بنوائے۔ جب بھی معاملاتِ سلطنت سے انھیں فرصت ملتی، قطب صاحب جا براجتے۔ یہ میلہ اکبر شاہ ثانی کے زمانے میں شروع ہوا۔ اس کی ابتداء یوں ہوئی کہ اکبر شاہ ثانی کے ایک چہیتے بیٹے تھے مرزا جہانگیر۔ بادشاہ کے اصل ولی عہد تو تھے بہادر شاہ ظفرؔ مگر اکبر شاہ ثانی مرزا جہانگیر کو اپنا ولی عہد بنانا چاہتے تھے مگر فرنگیوں نے اسے نہیں مانا۔

بادشاہ فرنگیوں کے دبیل تھے کیونکہ راج تو بادشاہ کا تھا مگر حکم فرنگیوں کا چلتا

تھا۔ اس کی وجہ یہ تھی کہ فرنگیوں سے انھیں دو لاکھ روپے ماہوار وظیفہ ملتا تھا اور ایک ریزیڈنٹ قلعۂ معلی میں رہتا تھا جس کی مرضی کے بغیر بادشاہ کوئی حکم جاری نہیں کر سکتے تھے۔ مرزا جہانگیر کا لاڈ پیار میں ستیاناس ہو گیا تھا۔ ایک دن ریزیڈنٹ سے ان کا آمنا سامنا ہوا تو مرزا نے کہا، "لولو ہے بے لولو ہے۔" سٹین صاحب شہزادے کی بیہودگی کو سمجھ تو گئے مگر چندرا کے مرزا کے ساتھیوں سے پوچھا کہ "صاحب عالم کیا کہتا ہے؟" ساتھیوں نے رفع شر کے لئے کہا، "حضور، صاحب عالم آپ کو لولو یعنی موتی کہتے ہیں۔" سٹین نے زہر خند کر کے کہا، "ہم صاحب عالم کو لولو بنائے گا۔"

صاحب عالم سمجھتے تھے، اپنے باپ کی حکومت ہے۔ اس فرنگی کی یہ مجال کہ یہ ہمیں لولو بنائے؟ انہوں نے آؤ دیکھا نہ تاؤ جھٹ سٹین پر طمنچہ داغ دیا۔ زندگی تھی جو وہ بچ گیا۔ سٹین نے اس واقعہ کی رپورٹ کمپنی بہادر کو کی اور مرزا جہانگیر کو نظر بند کر کے الہ آباد بھیج دیا اور بادشاہ سلامت سے عرض کیا کہ شہزادے کو تربیت کی ضرورت ہے۔ جب ان کی تربیت پوری ہو جائے گی تو الہ آباد سے واپس آ جائیں گے۔ زبردست کا ٹھینگا سر پر، چار و ناچار بیٹے کی جدائی گوارا کرنی پڑی۔ مرزا جہانگیر کی والدہ نواب ممتاز محل نے منت مانی کہ جب مرزا چھٹ کر آئیں گے تو قطب صاحب میں حضرت خواجہ بختیار کاکیؒ کے مزار پر پھولوں کا چھپر کھٹ اور غلاف چڑھاؤں گی۔ خبر نہیں الہ آباد میں مرزا پر کیا گزری۔ بارے جب وہ الہ آباد سے چھٹ کر آئے تو الہ آباد سے دلی تک ہر شہر میں ان کا بڑا شاندار استقبال ہوا۔

اب خواجہ ناصر نذیر فراق دہلوی سے منت چڑھانے کا حال سنئے، "برکھارت،

ساون کا مہینہ، بادشاہی خیمے، مخملی، باناتی، اطلسی، سبز، سرخ، زرد، ریشمی، کلابتونی، سوتی طنابوں سے جکڑے کھڑے تھے۔ ان کے سنہری کلس اور شمشے سورج میں چمک رہے تھے۔ اوپر نیلا آسمان، نیچے زمین پر سبزے کا فرش۔ خیموں کا سلسلہ اور جابجا پانی میں ان کا عکس طلسمات کا عالم پیدا کر رہا تھا۔ بادشاہی خیمے سے لے کر قطب صاحب بندہ نواز کی درگاہ تلک جہاں مستورات جا سکتی ہیں، دو رویہ قناتیں کھڑی تھیں کیونکہ ملکۂ دوراں مرزا جہانگیر کو لے کر منت ادا کرنے لئے درگاہ میں حاضر ہوں گی۔

تیاری تو صبح سے ہو رہی تھی مگر دن کے تین بجے حضرت ظل سبحانی نے کہا، "پنکھا چڑھانے کا وقت آ گیا۔" ملکہ دوراں نے پچاس خوان اندر سے کی گولیوں اور پھینیوں کے آراستہ کئے۔ ایک چاندی کی کشتی میں سونے کا پنکھا، جس میں پنّا، پکھراج، نیلم، یاقوت اور سچے موتی جڑے تھے، جس کی بالشت بھر نیچی جھالر کو بیگم نے جوہی کی کلیوں سے خود گوندھا تھا۔ مرزا جہانگیر کو دولہا بنا کر سہرا پھولوں کا، بدّھی طرّہ عطر میں بسا کر، اس کے سر پر بندھوا کر وہ کشتی صاحب عالم کے سر پر بسم اللہ کہہ کر بیگم نے رکھی اور بادشاہ زادے کی بلائیں لے کر کہا، "اماں میرا منہ نہ تھا کہ تو فرنگیوں کے چنگل سے نکل کر شاہ جہاں آباد میں آئے اور میں تجھے دیکھوں۔ یہ سب حضرت کا صدقہ ہے۔ جان من منت کی کشتی سنبھال کر اور سر ادب نیاز سے جھکا کر درگاہ کو چلو۔ آؤ۔"

"غلاف شریف کی سینی بادشاہ نے اپنے سر پر اور صندل اور عطر دان بیگم نے اپنے سر پر اور مٹھائی کے خوان بادشاہ زادوں نے اپنے سروں پر رکھ کر سب نے مل

جل کر آستانۂ پاک کی راہ لی۔ بیگمیں، بادشاہ زادیاں، تلواں جوڑے پہنے تھیں۔ گوکھروں کے جال، سلمہ ستارہ، کلابتوں کی تمامی زری، بوٹی، زربفت، کمخوابِ زری، ماچھ، اطلس، دلدائی، بابرینٹ، بنارس، گجرات، سورت، احمد آباد شریف، لاہور کے شاہی کارخانوں کے ریشمی اور زریں کپڑوں کے لباس پہن کر آراستہ ہو رہی تھیں۔ لاکھوں روپے کا جڑاؤ گہنا ہاتھ گلے میں تھا۔ پور پور نارنول کی مہندی رچی ہوئی تھی۔ ڈھیلے پائنچوں کو دو لونڈیاں اٹھائے چلتی تھیں تو دو باندیاں پیچھے دوپٹے کو سنبھالے چلتی تھیں۔ آگے آگے روشن چوکی اور نفیری بجانے والیاں سب عورتیں تھیں۔ بیگموں کے جھانجن، چوڑیوں اور پازیب کے جھنکار سے زندوں اور مردوں کے دل کانپتے تھے۔

قنات در قنات یہ سب درگاہ شریف پہونچے، باجے گاجے سب آستانے کے باہر ہی تھما دیے۔ ملکۂ جہاں اور سب عورتیں فرخ سیر والی جالیوں تک جاکر رک گئیں۔ اگرچہ ساری درگاہ کا زنانہ ہو رہا تھا۔ عورتوں کے لئے ہمیشہ سے یہی حد ادب ہے۔ بادشاہ اور مرزا جہانگیر اور سب مرد مزار شریف پر گئے اور پہلے غلاف اور پھر صندل چڑھایا، اوپر سے عطر لگایا۔ پنج آیت پڑھی گئی۔ شیرینی تقسیم ہوئی، نقد نذرانہ جھجری میں بھر دیا گیا۔ بادشاہ زادے کو قدم بوس کرایا اور سب حاجتی دعا کر کے قنات کے اندر پلٹ کر سراپردۂ شاہی میں داخل ہوئے۔"

رعایا نے بھی اس خوشی میں بادشاہ کا ساتھ دیا۔ خوب خوشی منائی اور پھولوں کا ایک چھپر کھٹ حضرت بختیار کاکیؒ کے مزار پر چڑھایا۔ پھول والوں نے پھولوں کا ایک بڑا سا پنکھا چھپر کھٹ میں لٹکا دیا تھا۔ یہ رسم اور روایت بعد میں بھی قائم رہی۔

بادشاہ کو یہ تقریب اس قدر پسند آئی کہ یہ میلہ ہر سال ہونے لگا۔ دربار شاہی سے پھول والوں کے دو سو روپے سالانہ مقرر ہو گئے تھے۔ یہ میلہ "پھول والوں کی سیر" کہلایا۔ شاہی ختم ہوئی۔ فرنگیوں کا راج بھی ختم ہوا مگر دلی کے منچلے اب بھی ہر سال بر کھارت میں یہ میلہ مناتے ہیں اور خواجہ صاحب کے مزار پر پھولوں کا چھپر کھٹ اور پنکھا چڑھاتے ہیں۔

پہلے یہ غریبوں اور امیروں سب کا میلہ تھا، بعد میں غریبوں کا رہ گیا۔ امیر اپنی موٹروں میں دلی سے قطب صاحب جاتے اور دو چار گھنٹے جی بہلا کر چلے آگے مگر دلی کے غریب بڑے حوصلہ مند تھے۔ خوب جی کھول کر خرچ کرتے، کچھ دنوں پہلے سے اس کی تیاری شروع کر دیتے، قرض دام سے بھی نہ چوکتے۔ انھوں نے اپنی آن کے پیچھے لاکھ کا گھر خاک کر دیا۔

لیجئے، میلے کی تاریخ مقرر ہو گئی۔ دستکاروں نے کرخنداروں نے دھیانگیاں اور پیشگیاں لیں۔ نئے جوڑے سلوائے۔ چکن کے کرتے بیلوں بھرے، آڑے پاجامے جن میں آدھی پنڈلی تک چوڑیاں، پاؤں میں سلیم شاہی، سر پر سلمہ ستارے کی گول ٹوپی، پھڈّی باڑ کی، تیل پھلیل لگایا، منہ میں گلوری دبائی۔ الائچی کی خوشبو اڑتی ہوئی۔ کندھے پر چادرہ یا شالی رومال۔ دائیں بائیں دیکھتے عجیب شان سے چلے جاتے ہیں۔ کیوں نہ ہو دلی کے دل والے ہیں۔ یہ صرف آج کے آرام کو دیکھتے ہیں، کل کی کل دیکھی جائے گی، جس نے دیا ہے تن کو وہی دے گا کفن کو۔

ہاں تو آج چودھویں تاریخ ہے۔ مہرولی کے بازاروں میں وہ ریل پیل ہے کہ کبھی تھالی پھینکو تو سروں ہی سروں پر جائے۔ کھوے سے کھوا چھل رہا ہے۔ کمزور

کے چلنے کا بھرم ہی نہیں۔ ابھی یہاں کھڑے تھے، ابھی جو ریلا آیا، وہاں پہونچے۔ دکانیں روشنی سے بقعہ نور بنی ہوئی ہیں۔ سقے کٹورے بجارہے ہیں اور ہر آنے جانے والے سے پوچھتے ہیں، "میاں آب حیات پلاؤں؟" مشک میں کنوئیں کا پانی ہے جس میں برف پڑی ہے، جی چاہا تو پانی پیا اور پیسہ دو پیسہ ہاتھ پر رکھ دیا۔

گکڑ والے کی عجب شان ہے۔ قد آدم حقے میں کئی گز لمبی نے لگی ہے۔ حقہ کیا ہے، دولہا ہے کہ سر سے پاؤں تک پھولوں میں لدا ہوا ہے۔ چاندی کی زنجیریں اور لٹو آویزاں ہیں۔ نے نیچی ہوتی ہے تو بازار والے باری باری کش لگاتے ہیں اور اوپر ہوتی ہے تو بالا خانوں پر بر آمدوں میں بیٹھے ہوئے لوگ دو دو کش لیتے ہیں۔ خمیرے کی لپٹیں اٹھ رہی ہیں اور سارا بازار مہک رہا ہے۔

مغرب کے بعد جھرنے سے نفیری کی آواز آئی اور ساری خلقت ادھر ڈھل گئی۔ پنکھا جھرنے سے اٹھایا۔ یہ پھولوں کا بڑا سا پنکھا ہے جس میں مقیش اور پنیاں لگی ہوئی ہیں۔ ہنڈوں کی روشنی میں پنکھا جگر جگر کر رہا ہے۔ آگے آگے ڈھول تاشے والے، ان کے پیچھے دلی کے اکھاڑے۔ ہر اکھاڑے کے آگے استاد اور پٹھے ہیں جو اپنے اپنے کمالات دکھاتے چلے آتے ہیں۔ کوئی لیزم ہلا رہا ہے۔ کوئی تلوار کے ہاتھ دِکھا رہا ہے، کوئی خنجر کے وار کر رہا ہے۔ کہیں بانک، پٹہ، بنوٹ کے کرتب ہیں۔ اکھاڑوں کی ایک لمبی لین ڈوری چلی گئی ہے۔ ان کے پیچھے نفیری والے ہیں۔ کٹورے بجانے والے سقوں کی ٹولیاں بھی ہیں۔ یہ سقے موٹے برنجی کٹورے ایک ایک ہاتھ میں دو دو لے کر بجاتے ہیں اور بجانے میں لے کی ایسی تراش کرتے ہیں کہ بے اختیار منہ سے سبحان اللہ نکل جاتا ہے، ڈھول تاشے کے ساتھ مٹکتے اور پینترے

بدلتے جاتے ہیں۔

یہی کیفیت ڈنڈے والوں کی ہے۔ بڑے ناز و انداز سے گھیرے میں گھومتے اور ایک دوسرے سے ڈنڈے ٹکراتے ہیں، دیکھنے والے ان کے مٹکنے پر ریجھے جاتے ہیں۔ سب سے آخر میں پنکھا ہے جس کے آگے شہنائی بجتی آتی ہے۔ اس کے پیچھے پھول والوں کے غول ہیں۔ یہ جلوس آہستہ آہستہ بازار میں گزرتا ہے، بالا خانوں سے پھول برستے ہیں، گلاب چھڑکا جاتا ہے۔ ہنر مند فنکاروں کو لال سبز دوپٹے دیے جاتے ہیں۔

کوئی بارہ بجے تک یہ جلوس جوگ مایا کے مندر پہنچتا ہے۔ ایک بجے تک پنکھا چڑھا کر لوگ واپس آتے ہیں۔ اگلے دن اسی دھوم دھام سے حضرت خواجہ بختیار کاکیؒ کی درگاہ میں پنکھا چڑھتا ہے۔ اس سے فارغ ہو کر سب کے سب شمسی تالاب پر پہونچتے ہیں۔ یہاں آتش بازی چھوڑی جاتی ہے۔ دلی کے آتش بازوں کو اپنا ہنر دکھانے کا اس سے بہتر موقع بھلا اور کب مل سکتا ہے۔ جہاں پر مہتابی کے چھٹتے ہی طرح طرح کی آتش بازی چھوٹنے لگتی ہے اور وہ روشنی ہوتی ہے کہ رات کو دن ہو جاتا ہے اور شمسی تالاب کا پانی پگھلا ہوا سونا بن جاتا ہے۔ چار پانچ گھنٹے تک یہ آتشیں گل بوٹے کھلتے رہے۔ آتش بازی کے ساتھ میلہ ختم ہوا اور تھکے ہارے سیلانی صبح ہوتے اپنے اپنے ٹھکانوں پر واپس آئے۔ اتنے میں فجر کی اذان ہو گئی۔ اب سونے کا بھلا کیا وقت رہ گیا؟ اپنے رب کا شکر ادا کرو کہ اس نے یہ بہار دکھائی۔ نور ظہور کا وقت ہے۔ آغا نواب اور ان کے سب گھر والوں نے وضو کیا، نماز پڑھی، ناشتہ کیا اور سب کے ساتھ اپنی سواریوں میں دلی روانہ ہو گئے۔

بڑی ننھی نے کہا، "نانی اماں، یہ سیر تو بڑے مزے کی رہی۔"

نانی اماں بولیں، "ہاں بیٹی غنیمت ہے۔"

چھوٹی ننھی نے تنک کر کہا، "نانی اماں آپ کو تو آج کل کے زمانے کی کوئی بات پسند نہیں آتی۔"

نانی، "بیٹی آنکھوں نے جو کچھ دیکھا ہے اور ان کانوں نے جو کچھ سنا ہے اس کے آگے آج کل کوئی بات نہیں جچتی۔ اب اس سیر کو ہی لے لو، جیسی ہمارے بچپن میں ہوتی تھی، ویسی تو ہم نے بھی نہیں دیکھی۔"

بڑی ننھی، "اچھا تو اگلے وقتوں میں اس میں کیا چار چاند لگے ہوئے تھے؟"

نانی، "ہاں بیٹی چار چاند لگے ہوئے تھے۔ یہ میلہ بادشاہ کی سرپرستی میں ہوتا تھا اور بادشاہ خود اس میں شریک ہوتے تھے۔ وہ دھوم دھام ہی کچھ اور تھی۔ لال قلعہ کی کوکھ ہری تھی، الغاروں دولت بھری پڑی تھی۔ لڈو ٹوٹتا ہے تو بھورا بھورا سبھی کو پہنچتا ہے۔"

چھوٹی ننھی، "اچھا تو بتایئے نا کہ آپ کے زمانے میں سیر کیسی ہوتی تھی؟"

نانی، "یہ شہر آبادی کا ذکر ہے، غدر پڑنے سے پہلے کا۔ مجھے پورا سا ہوش بھی نہیں تھا۔ ہاں ہمارے ہاں ایک مغلانی آیا کرتی تھیں۔ بڑی بڑی غلافی آنکھیں، گالوں کی ہڈیاں ابھری ہوئیں، منہ میں کوئی دانت نہ تھا۔ سر پر روئی کے گالے سے بال، دھان پان سی آدمی تھیں، وہ سنایا کرتی تھیں اس سیر کا حال۔ کہتی تھیں کہ،

"مہینوں پہلے بادشاہ کے ہاں پنکھے کی تیاریاں ہو جاتی تھیں۔ بادشاہی محل جھاڑ جھوڑ، فرش فروش، چلمنوں پردوں سے آراستہ کر دیا جاتا۔ ایک دن پہلے محل کا تانتا

روانہ ہوتا۔ خاصگی رتھوں میں تورے داریں، تصرفی میں سب کارخانے والیاں، نوکریں، چاکریں، لونڈیاں، ہاندیاں ہوتیں۔ خواجے سپاہی ساتھ چلے جاتے۔ دوسرے دن بادشاہ سوار ہوتے۔ بیگمات اور شاہزادے پالکی اور عماریوں میں ساتھ ہوتے۔ شہر کے باہر سواری آئی، جلوس ٹھہر گیا، سلامی اتار کر رخصت ہوا۔ چھڑی سواری ہوادار یا سایہ دار تخت یا چھ گھوڑوں کی بگھی میں خواجہ صاحب میں داخل ہوئے۔ سنہری بگھی اور پالکی نما بنگلہ، اوپر چھجہ، ان پر کلسیاں ہیں، کوچوان لال لال بانات کی قمریاں، پھندنے دار گردان ٹوپیاں کلابتونی کی پہنے ہوئے، گھوڑوں کی پیٹھ پر بیٹھے ہانکتے جاتے ہیں۔

آگے آگے سانڈنی سوار، پیچھے سواروں کا رسالہ آبدار جھنڈا لئے، چوبدار عصا لئے، گھوڑوں پر سوار، بگھی کے ساتھ ساتھ اڑے جاتے ہیں۔ بادشاہی محل سے لے کر تالاب اور جھرنے اور امریوں اور ناظر کے باغ تک زنانہ ہو گیا۔ جا بجا سراپچے کھنچ گئے، سپاہی اور فوجوں کے پہرے لگ گئے، کیا مقدور غیر مرد کے نام ایک پتہ بھی کہیں دکھائی دے جائے۔ محل کی جنگلی ڈیوڑھی سے بادشاہ ہوادار میں اور ملکہ زمانی تام جھام میں اور سب ساتھ ساتھ سواری کے جھرنے پر آئے۔ بادشاہ اور ملکہ زمانی بارہ دری میں بیٹھے اور سب ادھر ادھر سیر کرنے لگے۔ کڑاھائیاں چڑھ گئیں، پکوان ہونے لگے۔ امریوں میں جھولے پڑ گئے۔ سودے والیاں آ بیٹھیں۔

ایک کھڑی، ایک کو ہلسا رہی ہے، "اے بی زناخی، اے بی دشمن، اے بی جان من! اچھی چلو پھسلنے پتھر پر سے پھسلیں۔" وہ کہتی ہیں، "اے بی ہوش میں آؤ اپنے حواسوں پر سے صدقہ دو۔ اپنے عقل کے ناخن لو، کہیں کسی کا ہاتھ منہ تڑواؤ گی۔" انا

ددا سمجھانے لگیں، "واری، کہیں بیویاں، بادشاہ زیادیاں بھی پتھروں پر سے پھسلتی ہیں۔ لونڈیوں اور باندیوں کو پھسلواؤ اور آپ سیر دیکھو۔"

"چلو بی، میں تمہارے پھلاسڑوں میں نہیں آتی۔ تم یوں ہی پھپھڑ دلالے کیا کرتی ہو۔ نہیں نہیں ہم تو آپ ہی پھسلیں گے۔"

شام ہو گئی، جسولنی نے آواز دی، "خبر دار ہو، بادشاہ سوار ہوئے۔" وہ سب کچھ چھینک پھانک سواری کے ساتھ ہوئیں۔ نوکریں، چاکریں گٹھری مٹھری سمیٹ سنبھال پیچھے للو پتو کرتی دوڑیں۔

پندرہ دن تک روز اسی طرح جھرنے اور تالاب اور لاٹھ کا زنانہ ہو گا۔ تین دن سیر کے باقی رہے، پھول والوں نے بادشاہ کو عرضی دی، دو سو روپے جیب خاص سے ان کو پنکھے کی تیاری کے لئے مرحمت ہوئے۔ تاریخ ٹھہر گئی۔ شہر میں نفیری بج گئی۔ جھرنے کا زنانہ موقوف ہوا۔ اب شہر کی خلقت آنی شروع ہوئی۔ جمعرات کے دن سارے شہر کے امیر و غریب، دکاندار، ہزاری بزاری جمع ہو گئے۔ شہر سنسان ہو گیا۔

اب تیسرا پہر ہوا۔ ادھر شاہزادوں کی سواری، ادھر پنکھے کی تیاری ہونے لگی۔ شہر کے امیر و غریب اچھے اچھے رنگ برنگے کپڑے پہن کر نئی سج دھج، نئی نرالی انوکھی انوٹ، انوکھی وضع سے اپنے اپنے کمروں، برآمدوں، چھجوں، کوٹھوں اور چبوتروں پر ہو بیٹھے۔

اہاہا! دیکھنا، وہ پھول والوں کے پنکھے کس دھوم سے آئے۔ کیا بہار کے پنکھے ہیں! آگے پھولوں کی چھڑیاں، ہزارے چھوٹتے، نفیری والے ٹھٹکتے ٹھٹکاتے،

روپے رولتے چلے آتے ہیں۔ پیچھے شہزادے ہاتھیوں پر سوار، آگے سپاہیوں کی قطار، تاشہ مرفہ بجاتے ہوئے، پیچھے خواص میں مختار بیٹھے مور چھل کرتے ہوئے، نقیب چوبدار پکارتے ہوئے، "صاحب عالم پناہ" چلے آتے ہیں۔ ان کے پیچھے اور امیر امراء کے ہاتھی چلے آتے ہیں۔ اس دھوم دھام سے شام کو شاہی محلوں کے نیچے پنکھے آئے۔ اب نفیری والوں کی سیر دیکھو، کیسی جان توڑ توڑ کر نفیری بجا رہے ہیں۔ خواجے اوپر سے ان کی جھولیوں میں چھنا چھن روپے پھینک رہے ہیں۔ انعام لے لے کر رخصت ہوئے۔ پنکھے جا جا کر درگاہ میں چڑھا دیے۔

رات بھر ناچ رنگ کی محفلیں ہوئیں۔ ڈھولک، ستار، طنبورہ کھڑکتا رہا۔ صبح کو سونے چاندی کے چھلے، انگوٹھیاں، اکے، نونگے، پوتھوں کے لچھے، موتیوں کے ہار اور لال، سبز اودے، پچرنگے سوت کے ڈورے، پنکھیاں، پراٹھے، پنیر، کھویا، یہاں کی سوغاتیں لے لو اچلنا شروع کیا۔ شام تک سب میلہ بھرّی ہو گیا۔

بادشاہ ساری برسات یہیں گزاریں گے۔ سیر و شکار، کل سلطنت کے کاروبار سرانجام ہوتے رہیں گے۔ جو بیگماتیں سیر میں نہیں آئیں انھوں نے اپنے چھوٹوں کو قلاقند، موتی پاک، لڈو کی ہنڈیاں آٹے سے منہ بند کر کے چٹھیاں لگا اور بٹووں میں اشرفیاں روپے ڈال کر چوبداروں اور خواصوں کے ساتھ بھنگیوں میں بھیجیں۔ سب نے پانچ پانچ، چار چار، دو دو روپے چوبداروں اور خواصوں کو انعام میں دیے اور ان کے لئے سوغاتیں یہاں سے بھیجیں۔ لو صاحب! پھول والوں کی سیر ہو چکی۔

***

یادگار اور منفرد انشائیوں کا مجموعہ

دہلی والے

مصنف: شاہد احمد دہلوی

بین الاقوامی ایڈیشن منظر عام پر آچکا ہے